今日から スタート 高校入試

英語

文英堂

この本の特長

1 思い立ったその日が高校入試対策のスタート！

「そろそろ受験勉強始めなきゃ！」
そう思ってこの本を手に取ったその日が，あなたの受験勉強のスタートです。この本は，いつから始めても，そのときどきの使い方で効率的に学習できるようにつくられています。計画を立てて，志望校合格を目指してがんばりましょう。この本では，あなたのスケジューリング（計画の立て方）もサポートしています。

2 段階を追った構成で，合格まで着実にステップアップ！

この本は，近年の入試問題を分析し，中学3年間の学習内容を，短期間で復習できるようコンパクトに編集しているので，効率よく学習できます。また，大きく3つのステップに分けて構成しているので，段階を追って無理なく着実に実力アップができます。

この本の構成

Step 1 要点をおさえる！［学習項目別］

まずは学習項目別の章立てで，今まで学んだ内容を復習しましょう。

ポイント整理

入試必出のポイントを簡潔にまとめています。例題を解き，必要な事項を理解できているか確認してから，学習を始めましょう。例題の解答はそれぞれ解説中に示しています。

基本問題

基本的な問題を集めました。「ポイント整理」の内容を確認しましょう。

入試によく出るフレーズ
その単元で扱う文法事項の，実際の使い方を確認しましょう。

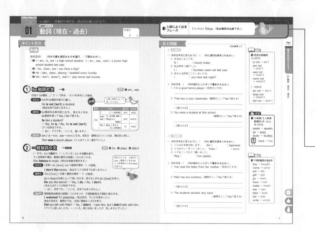

トレーニングテスト

実際に出題された入試問題から良問を集めました。「ポイント整理」をふまえて，実際に解いてみましょう。

HINT
問題を解くためのヒントです。わからないときは，ここを見ましょう。

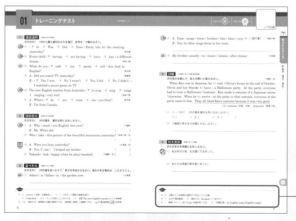

これまでに学んだ事項を再チェックするコーナーです。

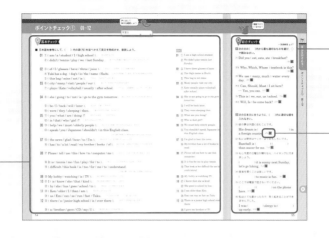

総合チェック

ランダム（順不同）に問題を出題しています。

ふりかえりマーク

>>> **01** はふりかえりマークです。参照単元を記載していますので，必要に応じてその単元に戻って再確認しましょう。

基本チェック

出題単元順に，一問一答形式の問題で確認しましょう。

Step 2 総合力をつける！[出題形式別]

出題形式別に分類した入試の過去問で構成されています。
高校入試に向けて実戦的な力を養いましょう。

総合力をつける！

「要点をおさえる！」とは切り口を変えて出題しています。
英作文，長文読解，リスニング問題などに慣れ，高校入試に向けて実戦的な力を養いましょう。

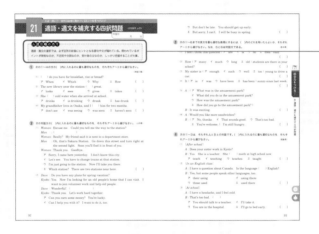

入試攻略のカギ

それぞれの出題形式を攻略するためのポイントを集めました。問題を解く前に読んでおきましょう。

Step 3 入試にそなえる！[入試模擬テスト]

入試模擬テストが2回分ついています。
入試前に取り組んで，力試しをしましょう。

> シリーズ全教科をそろえて，
> 高校入試本番のつもりで取り組んでみるのもオススメ！

くわしい「解答・解説」

問題の解き方，考え方，注意点などをくわしくていねいに説明しています。間違えたところは，解説をじっくり読んで理解しましょう。取り外して使用できます。

ふろく「入試直前チェックブック」

巻頭の入試直前チェックブックに，入試によく出る単語や熟語，会話表現などをまとめました。
スキマ時間に，試験会場で，いつでもどこでも重要事項がチェックできますので，大いに活用してください。

この本の使い方 （スケジューリングのススメ）

今日からあなたの受験勉強がスタートします。志望校合格に向けて，計画を立てましょう。
はじめにがんばりすぎて息切れ…なんてことにならないよう，決まったペースでコツコツ続けることが大切です。「スタートが遅れた！どうしよう！」…そんな人は，問題をスキップしても OK ！
この本では，使用時期に合わせて 3 つの学習コースをご用意しています。

あなたはどのコース？

① 1学期・夏休みから始めるあなたは
 とことんコース

② 2学期から始めるあなたは
 これからコース

③ 冬休み・3学期から始めるあなたは
 おいそぎコース

見開きの右ページに，のマークをつけてあります。あなたの学習コースに合ったペースで取り組みましょう。計画的に取り組むことで，合格力を身につけることができます。
必ずやり通して，入試本番は自信をもって臨んでください！

アイコンの一覧

 必ず押さえておきたい問題です。

 少し難しい問題です。マスターすることでライバルに差をつけることができます。

 ミスしやすい問題です。注意して解きましょう。

  各都道府県で公表されている問題ごとの正答率です。青色は 50％ 以上（必ず押さえるべき落とせない問題），赤色は 50％ 未満（受験生が間違えやすい，差をつけられる問題）です。

 「思考力」「判断力」「表現力」の強化に適した問題です。

 ページ内のQRコードをスマートフォンなどで読みとり，音声をききましょう。音声は無料アプリ**SigmaPlayer2**や文英堂Webサイト**www.bun-eido. co.jp**からきくこともできます。

も　く　じ

Step 1
要点を
おさえる！

Step 2
総合力を
つける！

Step 3
入試に
そなえる！

01 動詞（現在・過去）

重要度 ★★★

ポイント整理

例題

次の文の（　）内から最も適切なものを選び，○で囲みなさい。

□❶ I（ am，is，are ）a high school student. I（ am，was，were ）a junior high school student last year.

□❷（ Do，Does，Are ）you have a dog?

□❸ He（ play，plays，playing ）baseball every Sunday.

□❹ We（ don't，doesn't，didn't ）play tennis last Sunday.

① be動詞の文 →❶

解答 ❶ am，was

〈主語＋be動詞 …〉で「…である，…にいる[ある]」の意味。

否定文 notをbe動詞の後ろに置く。

大切　主語と時制によって使い分けるよ。

He **is not**[**isn't**]a student.
（彼は生徒ではありません。）

疑問文 be動詞を主語の前に出す。 答えるときはbe動詞を使ってYes / Noで答える。

Is Ken a student?
— Yes, he **is**. / No, he **is not**[**isn't**].
（ケンは学生ですか。
— はい，そうです。／いいえ，違います。）

原形	主語	現在形	過去形
be	I　【1人称単数】	am	was
	you　【2人称（単数・複数）】 we / they など　【複数】	are	were
	he / she / it など　【3人称単数】	is	was

過去形 am / is→was，are→wereとなる。否定文・疑問文のつくり方は，現在形と同じ。

Tom **was** a soccer player.（トムはサッカー選手でした。）

② 一般動詞の文 →❷❸❹

解答 ❷ Do ❸ plays ❹ didn't

・「〜する」という動作や，「〜している」という状態を表す。

・3人称単数の場合，動詞の原形の語尾に-(e)sをつける。

She **listens** to music.（彼女は音楽を聞きます。）

現在の文では，主語がI / you /複数のときはdo，3人称単数のときはdoesを使うよ。

否定文 〈主語＋do[does]not＋動詞の原形 〜〉の語順。

I **don't like** tennis.（私はテニスが好きではありません。）

疑問文 〈Do[Does]＋主語＋動詞の原形 〜?〉の語順。

doとdoesは主語によって使い分ける。答えるときもdo[does]を使う。

Do you like tennis? — Yes, I **do**. / No, I **don't**.
（あなたはテニスが好きですか。
— はい，好きです。／いいえ，好きではありません。）

過去形 規則動詞は動詞の語尾に-(e)dをつけ，不規則動詞は不規則に変化する。

I **watched** TV yesterday.（私は昨日，テレビを見ました。）

過去の否定文・疑問文では，主語に関係なくdidを使う。

Did you talk with Mike? — No, I **didn't**. I saw him, but I **didn't** talk with him.
（マイクと話しましたか。— いいえ。彼には会いましたが，話しませんでした。）

基本問題

→別冊解答 p.2

1 be動詞

(1) 次の日本文に合うように，（　）内に適切な語を入れなさい。

① 今日はくもりです。

It（　　　　　　）cloudy today.

② 私は昨年14歳でした。

I（　　　　　　）fourteen years old last year.

③ あなたは昨夜ここにいましたか。

（　　　　　　）you here last night?

(2) 次の文を，（　）内の指示にしたがって書きかえなさい。

① I'm a good tennis player.（否定文にする）

_____

② That boy is your classmate.（疑問文にしてYesで答える）

_____

―【答えの文】_____

③ You were a student at this school.

（疑問文にしてNoで答える）

_____

―【答えの文】_____

2 一般動詞

(1) 次の日本文に合うように，（　）内に適切な語を入れなさい。

① ジムは日本語を話します。　Jim（　　　　　　）Japanese.

② ユカはカレーをつくりました。　Yuka（　　　　　　）curry.

③ メグはリンゴを２つ買いました。

Meg（　　　　　　）two apples.

(2) 次の文を，（　）内の指示にしたがって書きかえなさい。

① Yuki read the letter from her mother.（否定文にする）

_____

② Mike has two brothers.（疑問文にしてNoで答える）

_____

―【答えの文】_____

③ The students studied very hard.

（疑問文にしてYesで答える）

_____

―【答えの文】_____

暗記

● 否定の短縮形

【be動詞】

・is not → isn't

・are not
→ aren't

・was not
→ wasn't

・were not
→ weren't

【一般動詞】

・do not → don't

・does not
→ doesn't

・did not → didn't

大切

● 3単現（3人称単数現在）の-(e)sのつけ方

・speak → speaks

・go → goes

・study → studies

!注意 ・have → has

暗記

● 不規則動詞の過去形

・buy → bought

・come → came

・eat → ate

・get → got

・go → went

・have → had

・make → made

・see → saw

・take → took

・tell → told

・write → wrote

1 適語選択 （4点×6＝24点）

次の文の（　）内から最も適切なものを選び，記号を○で囲みなさい。

正答率40% (1) （ ア Is　イ Was　ウ Did　エ Does ） Emily late for the meeting
yesterday? 〈栃木県〉

正答率42% (2) Every child （ ア having　イ are having　ウ have　エ has ） a different
dream. 〈神奈川県〉

正答率59% (3) What do you （ ア talk　イ say　ウ speak　エ call ） this food in
English? 〈栃木県〉

(4) A : Did you watch TV yesterday? 〈徳島県〉
B : （ ア Yes, I was.　イ No, I wasn't.　ウ Yes, I did.　エ No, I didn't. ）
I watched a soccer game on TV.

正答率45% (5) The new English teacher from Australia （ ア to sing　イ sing　ウ sings
エ singing ） very well. 〈神奈川県〉

(6) A : Where （ ア do　イ are　ウ come　エ can ） you from? 〈岩手県〉
B : I'm from Canada.

2 語形変化 （5点×4＝20点）

次の文の（　）内の語を，適切な形になおしなさい。

正答率44% (1) A : Who (teach) you English last year? 〈千葉県〉
B : Mr. White did. （　　　　　）

(2) Who (take) this picture of the beautiful mountains yesterday? 〈神奈川県・改〉
（　　　　　）

注意 (3) A : Were you busy yesterday? 〈北海道・改〉
B : Yes, I (am).　I helped my mother. （　　　　　）

(4) Takashi (look) happy when he plays baseball. 〈沖縄県・改〉（　　　　　）

3 並べかえ （5点×3＝15点）

次の文の（　）内の語を並べかえて，英文を完成させなさい。指示がある場合は，したがうこと。

正答率80% (1) John's (is / father / in) the garden now. 〈北海道〉

1 (2) 〈every ＋名詞〉は単数扱い。　(3) 「…と呼ぶ」の意味の動詞を選ぶ。
(4) I watched ～ . から，テレビを見たことがわかる。　(5) 主語 The new English teacher は3人称単数。
2 (1)(2) 過去の文。疑問詞が主語の疑問文では，〈疑問詞＋動詞〉の語順にする。→ p.23 **05** 疑問詞 注意 を参照。

(2) A : Does (songs / these / brother / like / likes / your)? （1語不要） 〈神奈川県〉

B : Yes, he often sings them in his room.

_____

 (3) My brother usually (to / music / listens) after dinner. 〈北海道〉

_____

4 読解 （(1)6点×3，(2)7点，計25点）

次の英文を読んで，あとの問いに答えなさい。 〈千葉県・改〉

　When Ken was in America, he ①(visit) Olivia's house at the end of October. Olivia and her friends ②(have) a Halloween party. At the party, everyone had to wear a Halloween *costume. Ken made a costume of a Japanese anime *character. When he ③(arrive) at the party in that costume, everyone at the party came to him. <u>They all liked Ken's costume because it was very good.</u>

（注）costume「仮装，衣装」 character「登場人物」

(1)　①〜③の（　）内の語を適切な形になおしなさい。

　　①（　　　　　）　②（　　　　　）　③（　　　　　）

(2)　下線部の英文を日本語になおしなさい。

_____

5 和文英訳 （8点×2＝16点）

次の日本文を英語になおしなさい。

(1)　私は昨日の夜，名古屋に行きました。

_____

(2)　私たちは英語の歌を歌いました。

_____

3 (2) 主語が3人称単数の疑問文であることに注意。
4 (1) ②は不規則動詞。　(2) 過去の文。because「〜なので」
5 (1) 動詞「行く」にあたる go を過去形にする。　(2) 「英語の歌」an English song [English songs]

02 名詞・冠詞・代名詞

重要度 ★★★

ポイント整理

例題

次の文の（　）内から最も適切なものを選び，○で囲みなさい。

□❶ I have three (glass, glasses, a glass) of juice.

□❷ Ken has a lot of friends from different (country, countries).

□❸ Yuki has a dog. (A, The) dog's name is Hachi.

□❹ This bag is not (me, my, mine). It's his.

① 名詞 →❶❷

解答 ❶ glasses ❷ countries

・**数えられる名詞**（可算名詞）と，**数えられない名詞**（不可算名詞）がある。

・数えられる名詞は，単数なら**a, an, the**をつける。複数ならば**-(e)s**をつけて複数形にする。数えられない名詞には物質名詞，固有名詞，抽象名詞がある。

物質名詞 一定の形のない物質や材料を表す名詞。形や容器などを表す語を使って数を表す。

例 **a cup of** tea （カップ１杯の紅茶），**two pieces of** paper （２枚の紙）

固有名詞 人，物，場所など物の名前を表す名詞。大文字で始める。例 Mary（メアリー），Japan（日本）

抽象名詞 はっきりとした形のない物を表す名詞。例 love（愛），music（音楽），peace（平和）

② 冠詞 →❸

解答 ❸ The

不定冠詞 a [an] 「１つの，１人の」を表す。可算名詞の前に置く。母音で始まる可算名詞には**an**を置く。

例 **a** pen （ペン１本），**an** egg （卵１個）

定冠詞 the 前に出たものや，話し手と聞き手の間で何のことかわかる場合に，名詞の前に置く。

I saw a man. **The** man was very tall.

（私は男の人を見ました。その男の人はとても背が高かったです。）

③ 代名詞 →❹

解答 ❹ mine

人称代名詞 人称・数・性・格によって変化する。

指示代名詞 this （これ），these （これら），
that （あれ），those （あれら）

不定代名詞 some （いくつかのもの），
any （いくつかのもの），
one （１つのもの），everyone （みんな），
each （各自，それぞれ），other （他のもの），
something （何か），anything （何か）
など。

I lost my pen. Could you lend me
one? （one＝a pen）
（ペンを失くしました。１本貸してくれませ
んか。）

大切

人称代名詞一覧表だよ。
しっかり覚えよう。

		主格 （…は）	所有格 （…の）	目的格 （…を, に）	所有 代名詞 （…のもの）
単数	1人称	I	my	me	mine
	2人称	you	your	you	yours
	3人称	he she it	his her its	him her it	his hers —
複数	1人称	we	our	us	ours
	2人称	you	your	you	yours
	3人称	they	their	them	theirs

入試によく出るフレーズ

Everyone is looking forward to summer.
（みんな夏を心待ちにしています。）

基本問題

→別冊解答 p.3

1 名詞 次の文の（　）内の語を，必要に応じて適切な形にしなさい。

(1) My mother washes many (dish) after supper.
（　　　　　）

(2) Tom visited three (city) this summer. （　　　　　）

(3) She had two cups of (tea). （　　　　　）

(4) A lot of (woman) helped me. （　　　　　）

(5) I like (music) very much. （　　　　　）

(6) (Leaf) change color in fall. （　　　　　）

2 冠詞 次の文の（　）内から最も適切なものを選び，○で囲みなさい。何も入らない場合は×を選びなさい。

(1) I have (a , an , ×) apple in (the , ×) basket.

(2) She has a bike. (A , The , ×) bike is red.

(3) (A , An , The) earth goes around (a , the , ×) sun.

(4) (A , ×) Kent came from (an , the , ×) Australia.

(5) Mr. Brown is our (a , the , ×) teacher.

3 代名詞 次の日本文に合うように，（　）内に適切な語を入れなさい。

(1) これは私の家です。
（　　　　　） is （　　　　　） house.

(2) あれを見て。かわいいイヌだわ！
Look at （　　　　　）. It is a cute dog!

(3) 生徒たちの何人かは，宿題を忘れました。
（　　　　　） of the students forgot （　　　　　）
homework.

(4) 先生はそれぞれの生徒に答えをたずねました。
The teacher asked （　　　　　） of his students for the
answer.

(5) ケンは私の兄の友だちです。
Ken is （　　　　　）（　　　　　） friend.

(6) メアリーは私のことについて何か言いましたか。
Did Mary say （　　　　　） about （　　　　　）?

👍 大切

● 名詞の複数形
① 基本　語尾に -(e)s をつける。
・book → books
・class → classes
② 語尾が〈子音字 + -y〉のとき → y を i に変えて es をつける。
・city → cities
③ 語尾が -f, -fe のとき → f, fe を v に変えて es をつける。
・leaf → leaves
④ 不規則に変化
・child → children
・man → men
・woman → women
・fish → fish
（単複同形）

📌 参考

「…自身」という意味を表す再帰代名詞もある。単数なら -self，複数なら -selves の形。

📖 暗記

・One ～, the other …
　（一方は～，他方は…）
・each other（互いに）
・Some ～, others …
　（～もあれば，…もある）

HINT ヒント

3 (5) 名詞を使った所有格（所有代名詞）
〈名詞＋'(アポストロフィー)s〉で「…の（もの）」の意味。
・Mary's（メアリーの〔もの〕）

02 トレーニングテスト

1 適語選択 (4点×4＝16点)

次の文の（ ）内から最も適切なものを選び，記号を○で囲みなさい。

(1) People in Australia usually come to Japan by (ア train イ plane ウ gym エ zoo). 〈北海道〉

(2) We use (ア letters イ cars ウ balls エ doors) and rackets when we play tennis. 〈北海道〉

(3) Kenta sometimes talks to (ア yourself イ themselves ウ himself エ myself).

 (4) I bought a pair of (ア a shoes イ a shoe ウ shoe エ shoes) at the new shop.

2 文の書きかえ (6点×5＝30点)

次の文を，（ ）内の指示にしたがって書きかえなさい。

(1) Mr. Brown had a cup of coffee at my house.（下線部を two に変えて）

_____

 (2) My uncle has a sheep at his farm.（下線部を some に変えて）

_____

 (3) That man often comes here.（下線部を Those に変えて）

_____

(4) Mike's watch looks just like yours.（Your watch を主語にしてほぼ同じ意味の文に）

_____

 (5) Judy reads ten books every month.（下線部をたずねる疑問文に）

_____

3 並べかえ (6点×4＝24点)

次の文の（ ）内の語を並べかえて，英文を完成させなさい。

(1) (an / each / us / important / of / has) role to play.

_____

HINT
1 (3) talk to oneself「独り言を言う」 (4) a pair of ...「1組の…」一対で使うものに使う表現。
2 (1) 液体を表す名詞を数えるときに使う表現。 (2) sheep「羊」は単複同形の名詞。
(4)「マイクのもの」を1語で表す。 (5) 数をたずねる疑問文は〈How many ＋名詞の複数形＋疑問文 ～ ?〉。

(2) *A* : Who's that boy over there? 〈愛媛県〉

    B : He's Satoshi. He's (of / best / one / my) friends.

_____

 (3) *A* : Which is your glass? 〈千葉県〉

    B : The one (the / mine / left / is / on).

_____

(4) 彼女はチョークをいくつか必要としています。

    She (pieces / some / chalk / needs / of).

_____

4 　**読解** 　(7点×2＝14点)

次の対話文を読んで，あとの問いに答えなさい。 〈鹿児島県・改〉

Ms. Brown : Do you have any ①(question)?

Student 1 : Yes. I don't understand the meaning of hos....

Ms. Brown : Pardon? Could you say that again?

Student 1 : I don't understand the meaning of the word, 'hospital.'

Ms. Brown : OK. Everyone, please open your dictionaries and find the word, 'hospital.'

(1) ①の(　　)内の語を適切な形になおしなさい。 (　　　　　)

(2) 生徒たちが辞書で調べた単語は何ですか。本文中から1語で抜き出しなさい。(　　　　　)

5 　**和文英訳** 　(8点×2＝16点)

次の日本文を英語になおしなさい。

 (1) ケビン(Kevin)の新しい自転車はかっこいい。

_____

 (2) 私の父は貧しい国々の子どもたちにお金を送りました。

_____

_____

3 (2) one of ... 「…の1人[1つ]」 (3) one は前出の名詞と同種のものを指す。 (4) a piece of ... 「…を1つ[1本]」

4 (1) (　) の前の any に注目。any 「いくつかの，いく人かの」

5 (1) 〈所有格＋形容詞〉の語順に注意。「かっこいい」cool (2) 「…に～を送った」sent ～ to ...

13

03 形容詞・副詞

重要度 ★★★

ポイント整理

例題

次の文の（　　）内から最も適切なものを選び，○で囲みなさい。
- □❶ I'm (tired , young) because I worked very hard today.
- □❷ (Many , Much) people visit our city.
- □❸ I'll call you (before , later).
- □❹ Kate (usually plays , plays usually) volleyball after school.

① 形容詞の基本　→❶

解答 ❶ tired

・〈a [an] ＋形容詞＋名詞〉の形で，名詞や代名詞に説明を加えたり，be動詞のあとに置いて，「…は〜です」のように主語の様子や状態を表したりする。
　　例 kind（親切な），foreign（外国の），Japanese（日本〔人〕の），
　　　　red（赤い），large（大きい）
・-thing で終わる代名詞の場合は〈-thing ＋形容詞〉の語順になる。

> something cold
> （何か冷たいもの）
> が飲みたいなぁ〜。

② 数や量を表す形容詞　→❷

解答 ❷ Many

・数を表す形容詞：数えられる名詞に使う。
・量を表す形容詞：数えられない名詞に使う。
　　Do you have many friends?
　　（あなたにはたくさんの友だちがいますか。）
　　Does he have much money?
　　（彼はたくさんのお金を持っていますか。）
・some，any（いくつかの）やa lot of（たくさんの）
　は，数えられる名詞にも数えられない名詞にも使うこ
　とができる。
　「いくつかの」の意味のsomeは肯定文に，anyは疑問文・否定文に使われることが多い。
　　I bought some stamps.（私は何枚かの切手を買いました。）
・〈no＋名詞〉で「まったく〜ない」の意味を表す。
　　I have no brothers.（私に兄弟は1人もいません。）
　　└noのあとの数えられる名詞は，単数形も複数形もくる。

大切

	たくさんの	少しの	ほとんどない
数えられる名詞	many	a few	few
数えられない名詞	much	a little	little

③ 副詞　→❸❹

解答 ❸ later　❹ usually plays

動詞，形容詞，副詞に説明を加える。時，場所，状態，頻度などを表す。
　例 quickly（急いで），here（ここに），really（本当に），usually
　　　（ふつうは，たいてい），often（よく），never（決して〜ない）
　　He closed the door quickly.（彼は急いでドアを閉めました。）
　　　　　　　動詞

> closed（閉めた）を
> 説明しているね。

大切 頻度を表す副詞は，一般動詞の前，be動詞や助動詞のあとに置く。
　　She always goes to school by bus.（彼女はいつもバスで学校へ行きます。）
　　　　　　一般動詞の前
　　She is always kind.（彼女はいつも親切です。）
　　　　　be動詞のあと

基本問題

→別冊解答 p.4

1 （形容詞） 次の日本文に合うように，（　　）内に適切な語を入れなさい。

(1) 彼女はどこか調子が悪いのですか。
What's (　　　　　　) with her?

(2) この歌は若い人たちの間で人気があります。
This song is (　　　　　　) among (　　　　　　) people.

(3) ブラウンさんは疲れているように見えます。
Mr. Brown looks (　　　　　　).

2 （数や量を表す形容詞）

(1) 次の日本文に合うように，（　　）内から適切なものを選び，○で囲みなさい。

① ２〜３人の少年が私を手伝ってくれました。
(A few , Few) boys helped me.

② 私は今ほとんどお金を持っていません。
I have (a little , little) money now.

(2) 次の日本文に合うように，（　　）内に適切な語を入れなさい。

① 私たちは東京でたくさんの場所を訪れました。
We visited a (　　　　　　)(　　　　　　) places in Tokyo.

② 今日はテストはありません。
We have (　　　　　　) tests today.

3 （副詞）

(1) 次の日本文に合うように，（　　）内に適切な語を入れなさい。

① 私はイヌが好きです。私はネコも好きです。
I like dogs. I like cats, (　　　　　　).

② 父はいつも遅く家に帰ってくる。
My father (　　　　　　) comes home late.

(2) 次の文の（　　）内の語を並べかえて，英文を完成させなさい。

① Kevin (gets / usually / at / up) six in the morning.

_____

② This room (very / is / cold / always).

_____

📖 暗記

● 数を表す熟語
・lots of ...
（たくさんの…）
・a number of ...
（たくさんの…）
・millions of ...
（何百万という…）

● 副詞の働きをする
　熟語
・at first （最初は）
・at last （ついに）
・on foot （徒歩で）
・on the way
（途中で）

● 覚えておきたい
　反意語
・long （長い）
⇔ short （短い）
・strong （強い）
⇔ weak （弱い）
・rich （裕福な）
⇔ poor （貧しい）
・heavy （重い）
⇔ light （軽い）
・wrong （間違った）
⇔ right （正しい）
・fast （速い）
⇔ slow （遅い）

HINT ヒント

● too と either
どちらも「…もまた」という意味を表すが，too は肯定文で，either は否定文で使われる。
I'm a baseball fan, too.
（私も野球ファンです。）
I'm not a baseball fan, either.
（私も野球ファンではありません。）

1 適語選択 (5点×5＝25点)

次の文の（　）内から最も適切なものを選び，記号を○で囲みなさい。

(1) Black coffee is not my (ア favorite　イ flower　ウ free　エ future)
drink.　〈岡山県・改〉

正答率80% (2) A place with no light is (ア strong　イ dark　ウ hot　エ beautiful).
〈千葉県〉

(3) A : How was the book?　〈熊本県〉
B : It was (ア better　イ difficult　ウ easy　エ hungry). I couldn't
understand the story well.

(4) You spend too (ア many　イ long　ウ much　エ heavy) money.

(5) I don't like English very much. But I study it very (ア small　イ hard
ウ fun　エ easy).

2 適語補充 (5点×3＝15点)

次の文の（　）内に，指示された文字で始まる語を書きなさい。

(1) A : I can't believe that you have become the best player in your team.
B : I can't believe it, (e　　　　). I'm really happy now.　〈岩手県〉

(2) If something is (f　　　　), it is known to a lot of people.　〈千葉県・改〉

(3) I like to read (a　　　　) every night.　〈千葉県・改〉
＝ I like to read without any other people every night.

3 並べかえ (6点×3＝18点)

次の文の（　）内の語を並べかえて，英文を完成させなさい。

正答率50% (1) That (interesting / very / is / game / to) me.　〈秋田県〉

_____

正答率55% (2) What (you / go / time / usually / do) to school?　〈秋田県〉

_____

HINT

1 (4) money は数えられない名詞。
(5) 1文目で「英語があまり好きではない」とあるが，But「しかし」と続くことに注目。
2 (1) 「…も～でない」という文。 (2) ～, it is known to a lot of people. 「～，それは多くの人々に知られているということだ」→ p.56 13 受け身を参照。 (3) 2文目の without any other people を1語で。
3 (2) 「何時に～しますか」という文。usually の位置に注意。

16

 (3) A : Were you able to (get / good / at / anything) the store?

B : Yes, I bought this T-shirt for ten dollars.

---

4 読解 (7点×3＝21点)

次の対話文を読んで，あとの問いに答えなさい。 〈静岡県・改〉

Reiko : Did you sleep (A) last night, Judy?

Judy : No, but now I'm fine. <u>Today is (go / my / day / first / to)</u> to a Japanese junior high school, so I'm excited.

Reiko : Are you (B) to leave?

Judy : Yes! So, Reiko, where can we get on the school bus?

Reiko : The school bus? We don't have a school bus. Many students walk to school.

(1) (A), (B)に入る最も適切なものを選び，記号で答えなさい。

ア fast　イ wrong　ウ well　エ ready

A(　　　)　B(　　　)

(2) 下線部の(　)内の語を並べかえて，英文を完成させなさい。

Today is ＿＿＿＿＿＿＿＿＿＿＿＿＿ to a Japanese junior high school, so I'm excited.

---

5 和文英訳 (7点×3＝21点)

次の日本文を英語になおしなさい。

 (1) 私のお気に入りの色は緑色です。

---

(2) 私はよく祖母の家を訪ねます。

---

 (3) あまり水を使いすぎないでください。

---

3 (3) 〈-thing ＋形容詞〉の語順。

4 (1) (A) 動詞 sleep を修飾する語を選ぶ。 (B) 文の補語となる語を選ぶ。

(2) 「日本の中学校へ行く最初の日」の意味。〈to ＋動詞の原形〉で直前の名詞を説明する。→ p.30 **07** 不定詞 (1)を参照。

5 (2) 「よく」 often (3) 「水」は数えられない名詞。

17

04 未来・進行形

重要度 ★★★

未来の文と，進行形の文の形をチェック！

学習日　月　日

ポイント整理

例題

次の文の（　　）内から最も適切なものを選び，○で囲みなさい。

□❶ She is not (going, will) to go to the gym tomorrow.
□❷ I (will, am going) be back later.
□❸ We are (eat, eating) lunch now.
□❹ They were (sleeping, sleep) then.

① 未来の文 →❶❷

解答 ❶ going ❷ will

未来のことは，be going to ～またはwillで表す。

大切 ① 〈be動詞＋going to＋動詞の原形〉「～するだろう(近い将来)，～するつもりだ(未来の予定)」
これからの予定を表す。
I **am going to** see Emi tomorrow.（私は明日エミに会う予定です。）

否定文 I'**m not going to** see Emi tomorrow.（私は明日エミに会いません。）

疑問文 **Are** you **going to** see Emi tomorrow? — Yes, I **am**. / No, I'**m not**.
（あなたは明日エミに会う予定ですか。— はい，そうです。／いいえ，そうではありません。）
否定文・疑問文のつくり方・答え方は，be動詞の文と同じ。

大切 ② 〈will＋動詞の原形〉「～するだろう，～するつもりだ(主語の意志)」
主語が何であってもwillを使う。
Lisa **will** come to the party.（リサはそのパーティーに来るでしょう。）

否定文 willのあとにnotを置いて，〈will not＋動詞の原形〉の形。
Lisa **will not** [**won't**] come to the party.
（リサはそのパーティーに来ないでしょう。）

will notの短縮形は
won'tだから
注意してね。

疑問文 〈Will＋主語＋動詞の原形 ～?〉の形。
Will Lisa come to the party?
— Yes, she **will**. / No, she **will not** [**won't**].
（リサはそのパーティーに来るでしょうか。
— はい，来るでしょう。／いいえ，来ないでしょう。）

② 進行形 →❸❹

解答 ❸ eating ❹ sleeping

〈be動詞＋動詞の～ing形〉で進行中の動作を表す。主語と時制に合わせてbe動詞を使い分ける。

大切 ① 現在進行形〈am [are, is] ＋動詞の～ing形〉「(今)～しているところだ」

否定文 I'**m not studying** now.（私は今勉強していません。）

疑問文 **Are** you **watching** TV now? — Yes, I **am**. / No, I'**m not**.
（今，テレビを見ていますか。— はい，見ています。／いいえ，見ていません。）
否定文・疑問文のつくり方・答え方は，be動詞の文と同じ。

大切 ② 過去進行形〈was [were] ＋動詞の～ing形〉「～していた」
We **were playing** tennis then.（私たちはそのときテニスをしていました。）

基本問題

→別冊解答 p.6

1 未来の文

(1) 次の日本文に合うように，（　）内に適切な語を入れなさい。

① 明日は雨が降るでしょう。

It（　　　　　）（　　　　　　　　） tomorrow.

② あなたは午後に英語を勉強するつもりですか。

（　　　　　　　） you（　　　　　　　） to study English in the afternoon?

③ 私はその本は買わないつもりです。

I（　　　　　　　）（　　　　　　　　） that book.

(2) 次の文を，（　）内の指示にしたがって書きかえなさい。

① He leaves for Kagoshima soon.（willを使った未来の文に）

_____

② I watch the movie.
（be going to と tomorrow を使った未来の文に）

_____

③ She is going to visit Osaka next month.（否定文に）

_____

2 進行形

(1) 次の日本文に合うように，（　）内に適切な語を入れなさい。

① 彼らは今，野球をしていますか。

（　　　　　　　） they（　　　　　　　） baseball now?

② 彼はそのとき道を歩いていました。

He（　　　　　　　）（　　　　　　　　） on the street then.

③ 彼女は今，音楽を聞いていません。

She（　　　　　　　）（　　　　　　　　） to music now.

④ あなたは何について考えているのですか。

（　　　　　　　） are you（　　　　　　　） about?

(2) 次の文を，（　）内の指示にしたがって書きかえなさい。

① He talks with his brother.（現在進行形の文に）

_____

② We study math in the classroom.（過去進行形の文に）

_____

📖 暗記

●〈代名詞（主格）＋ will〉の省略形

I will → I'll
you will → you'll
he will → he'll
she will → she'll
it will → it'll
we will → we'll

👍 大切

●動詞の〜ing形の つくり方

① そのままつける
・play → playing
② 最後の文字を重ねて ingをつける
・stop → stopping
・run → running
③ 最後の-eをとって ingをつける
・come → coming
・use → using
④ ieをyに変えてing をつける
・die → dying
・lie → lying

🔍 参考

●進行形にしない動詞
継続の意味を含む動詞
・状態を表す動詞は進行形にしない。
・like（〜が好きだ）
・know（〜を知っている）
・want（〜がほしい）
・see（〜が見える）など

HINT ヒント

2 (1) ④〈疑問詞＋be 動詞＋主語＋動詞の 〜ing形?〉の語順。

04 トレーニングテスト

→別冊解答 p.6

1 適語選択 (5点×5＝25点)

次の文の（　）内から最も適切なものを選び，記号を○で囲みなさい。

正答率54% (1) Mike and Ken (ア is イ was ウ are エ were) studying in the
library now. 〈栃木県〉

(2) Maria (ア is watching イ watched ウ to watch エ was watching)
a baseball game on TV now. 〈沖縄県〉

正答率65% (3) Takuya's birthday (ア is coming イ has come ウ came エ is come)
soon. 〈滋賀県〉

(4) I'm (ア writing イ write ウ draw エ drawing) a picture of these
flowers. 〈山口県・改〉

(5) How are you going to (ア goes イ go ウ went エ going) there?

2 語形変化 (5点×6＝30点)

次の日本文に合うように，（　）内の語を必要ならば適切な形にしなさい。ただし，1語になる
とは限りません。

注意 (1) 私は日本の歴史についてよく知っています。

I (know) about Japanese history well. （　　　　　　　）

(2) 今世界で，何かおかしなことが起こっています。 〈福井県・改〉

Something strange (happen) in the world now. （　　　　　　　）

(3) 私はカギを探しています。

I (look) for my key. （　　　　　　　）

(4) 彼らはそのとき通りを走っていました。

They (run) along the street then. （　　　　　　　）

(5) マリコは今コンピューターを使っています。

Mariko (use) the computer now. （　　　　　　　）

(6) これらの花は枯れそうです。

These flowers (die). （　　　　　　　）

---

1 (3) 現在進行形が近い未来を表すこともある。　(4) draw「(絵を)描く」
2 (4) 過去進行形の文。～ing 形のつづりに注意。
　(6) die「死ぬ，枯れる」という動作が現在進行中。～ing 形のつづりに注意。

3 並べかえ （5点×2＝10点）

次の文の（　）内の語を並べかえて，英文を完成させなさい。

(1) (have / we / new / a / will) kind of camera in the future. 〈東京 国立高・改〉

_____

(2) He (old / going / be / 16 / is / to / years) soon.

_____

4 読解 （7点×3＝21点）

次の対話文を読んで，あとの問いに答えなさい。 〈大分県・改〉

Tatsuya : <u>What are you doing in the kitchen, Emi?</u>

Emi : Tomorrow is our father's birthday, so (　①　).

Tatsuya : May I eat some with Dad tomorrow?

Emi : Sure. What are you going to do for him?

Tatsuya : Well, he likes drinking coffee very much, so ②(will / give / a cup / I / him).

Emi : That's good. Now he is using a very old one. He will be very glad.

(1) 下線部の英文を日本語になおしなさい。

_____

(2) ①に「私はケーキをつくっています」という英文を書きなさい。

_____

(3) ②の（　）内の語(句)を意味が通るように並べかえなさい。

_____ .

5 和文英訳 （7点×2＝14点）

次の日本文を，（　）内の指示にしたがって英語になおしなさい。

(1) 私は来年ロンドンを訪れる予定です。（be going toを使う）

_____

(2) この週末は何をするつもりですか。（willを使う） 〈長崎 青雲高・改〉

_____

 HINT

4 (1) 進行形の疑問文。What に注意する。 (2) 「つくっています」とあるので，現在進行形の文。

　(3) will のあとには動詞の原形がくる。「(人)に(物)をあげる」は〈give＋人＋物〉の語順になる。

5 (2) 疑問詞を使った will の疑問文にする。「週末」weekend

適切な疑問詞を選ぶことができるようになろう！

重要度 ★★★

疑問詞

学習日　　月　　日

ポイント整理

例題

次の文の（　　）内から最も適切なものを選び，○で囲みなさい。

- □❶（ Who , What , Whose ）are you doing?
- □❷（ When , Who , How ）is that girl?
- □❸（ Whose , When , Where ）bag is this ?
- □❹（ How long , How much , How old ）are you going to stay here?

① 疑問詞の基本　→❶❷

解答 ❶ What ❷ Who

・疑問詞には，いろいろな種類があり，何を相手に
たずねたいかによって使い分ける。
・疑問詞は文頭に置いて疑問文を続ける。
・答えの文は，たずねられた内容に応じて具体的に
答える。

What do you do after school?
— I play baseball.
（あなたは放課後に何をしますか。— 野球をします。）

大切

疑問詞の種類と意味を
おさえるのだ。

何「物」	what	だれ「人」	who
いつ「時」	when	どこ「場所」	where
なぜ「理由」	why	どちら, どれ「選択」	which
だれの（もの）「所有」	whose	どのようにして「手段」	how

② 〈疑問詞＋語句〉の疑問文　→❸❹

解答 ❸ Whose ❹ How long

・what，which，whoseは，〈疑問詞＋名詞〉の形でも使われ，〈What＋名詞〉「何の…」，
〈Which＋名詞〉「どちらの…」，〈Whose＋名詞〉「だれの…」という疑問文を導く。

What time is it now? — It's eight o'clock.（今何時ですか。— 8時です。）

Which cap is Ken's? — The red one is his.
（どちらのぼうしがケンのものですか。— 赤いのが彼のものです。）

・howは〈How＋形容詞［副詞］〉の形でいろいろな疑問文に使われる。

大切

How long「（時間, 物の）長さ」	どのくらい長く	How many「数」	いくつの…
How old「年齢」	何歳の…	How much「金額, 量」	いくらの…
How often「頻度」	どのくらい頻繁に	How far「距離」	どのくらいの距離

How many classes do you have today? — I have six.
（今日はいくつ授業がありますか。— 6つです。）

How old are you? — I'm fifteen.（あなたは何歳ですか。— 15歳です。）

How much is this book? — It's 1,000 yen.（この本はいくらですか。— 1,000円です。）

How far is it from here to the station? — It's about one kilometer.
（ここから駅まではどのくらいの距離ですか。— 約1キロです。）

How often do you play tennis? — I play it every weekend.
（どのくらい頻繁にテニスをしますか。— 毎週末にします。）

入試によく出る
フレーズ

What day is it today?（今日は何曜日ですか。）
— It's Monday.（月曜日です。）

基本問題

→別冊解答 p.7

1 疑問詞　次の日本文に合うように，（　　）内に適切な語を，下の[　]内から選んで入れなさい。

(1) あなたは朝食にふつう，何を食べますか。

（　　　　　　　）do you usually have for breakfast?

(2) あなたの誕生日はいつですか。

（　　　　　　　）is your birthday?

(3) あの女性はだれですか。

（　　　　　　　）is that woman?

(4) あなたはどこに滞在予定ですか。

（　　　　　　　）are you going to stay?

(5) あなたはどうやって東京へ行きましたか。

（　　　　　　　）did you go to Tokyo?

(6) このぼうしとあのぼうしの，どちらがあなたのものですか。

（　　　　　　　）is your hat, this one or that one?

[What / Which / Who / When / Whose / Where / How]

2 〈疑問詞＋名詞〉・〈How ＋形容詞［副詞］〉　次の日本文に合うように，[　]内には適切な疑問詞を，（　）内には適切な語を入れなさい。

(1) あなたは何の動物が好きですか。— イヌが好きです。

[　　　　　]（　　　　　　　）do you like?
— I like（　　　　　　　）.

(2) ここから学校までは徒歩でどのくらいかかりますか。
— 15分ほどです。

[　　　　　]（　　　　　　　）does it take from here to the school on foot?
— About fifteen（　　　　　　　）.

(3) このスカートはいくらですか。— 5,000円です。

[　　　　　]（　　　　　　　）is this skirt?
— It（　　　　　）5,000 yen.

(4) この建物はどのくらい古いですか。— 築30年です。

[　　　　　]（　　　　　　　）is this building?
— It's thirty years（　　　　　　）.

！ 注意

● 疑問詞が主語になる疑問文

疑問詞が主語になるときは，〈疑問詞＋動詞〉の語順にする。3人称単数の扱いになる点にも注意。答えるときは〈主語＋do [does / did]〉の形。
Who *uses* this computer?
— My brother *does*.
（だれがこのコンピューターを使いますか。
— 私の兄[弟]が使います。）

参考

● 疑問詞を使った会話表現

・What is the date today?
— It's May 1.
（今日は何月何日ですか。
— 5月1日です。）
・How's the weather?
— It's rainy.
（天気はどうですか。
— 雨です。）

参考

・How longは期間・時間の長さや，物の長さをたずねるときに使う。
How long can I keep this book?
— For two weeks.
（どのくらいこの本を借りていいですか。
— 2週間です。）
・How farは距離をたずねるときに使う。

05 トレーニングテスト

1 適語選択 (5点×4＝20点)

次の文の( )内から最も適切なものを選び，記号を○で囲みなさい。

80% (1) （ ア What イ How ウ Why エ When ）is the weather in London today? 〈秋田県〉

76% (2) It was raining hard this morning. （ ア What イ How ウ Who エ Where ）did you come to school? 〈秋田県〉

(3) （ ア What イ Who ウ When エ Whose ）did people in Europe start to eat tomatoes?

(4) （ ア Who イ What ウ Why エ Where ）were you? Taro came to see you ten minutes ago.

2 適語補充 (6点×4＝24点)

次の文の( )内に適切な語を入れなさい。

(1) ( ) of the four seasons do you like the best?

(2) ( ) time do you usually go to school? 〈秋田県・改〉

(3) A : ( ) is the purpose of your visit?

B : Sightseeing.

(4) A : How ( ) do you use the computer?

B : I use it every day.

3 並べかえ (7点×4＝28点)

次の文の( )内の語を並べかえて，英文を完成させなさい。

80% (1) A : What (of / do / kind / you / music) like? 〈宮崎県〉

B : I like rock music very much.

_____

70% (2) (picture / took / who / this)? 〈栃木県〉

_____

51% (3) (to / bus / the / goes / which) museum? 〈岐阜県〉

_____

HINT

1 (1) 「天気」をたずねる文。 (2) 「通学手段」をたずねる文。 (4) 2文目の内容に注意。

2 (1) 「どれ」 (2) 「何時」 (3) 「訪問の目的」，purpose「目的」 (4) B は頻度を答えている。

3 (1) 「どんな種類」かをたずねている。 (2) 「だれが」と主語をたずねている。語順に注意。

(4) (do / like / sports / what / you)?　〈長崎県〉

---

4 **読解** （6点×2＝12点）

ショウタ(Shota)と留学生のラルフ(Ralf)が話をしています。この対話文を読んで，（　）内に入る最も適切な英文を，それぞれア～エから1つずつ選び，記号で答えなさい。　〈千葉県・抜粋〉

Shota：Let's go outside, Ralf. We have a lot of snow!

Ralf　：(　①　)

Shota：We'll have a *snowball fight.

Ralf　：Is it OK? Can we do that here?

Shota：Of course we can. Why do you ask that? I'm just talking about playing in the snow.

Ralf　：In my school in *Germany, students cannot have a snowball fight.

Shota：Really? (　②　)

Ralf　：It is dangerous.　　　　　　　　（注）snowball fight「雪合戦」 Germany「ドイツ」

正答率 78% ①　ア　When do we go outside?

イ　What are we going to do?

ウ　Where are we talking now?

エ　How much snow do we have?　　　　　　　　　　（　　　）

正答率 58% ②　ア　What is the problem with it?

イ　Why do you have a snowball fight?

ウ　What does your school want to do?

エ　Why are the students in the snow?　　　　　　　（　　　）

---

5 **和文英訳** （8点×2＝16点）

次の日本文を，（　）内の指示にしたがって英語になおしなさい。

(1) 彼はどのくらい日本に滞在するつもりですか。（will を使って）

(2) <u>なぜ医者になったのですか。</u> — 病気の人を助けるためです。（下線部を become を使って）

　　　　　　　　　　　　　　　　　　　　　　　　　　　— To help sick people.

---

4 ①　次に続くショウタの返事から考える。することを答えているので，「何」を聞いている文を選ぶ。

②　次のラルフの返事から，ショウタは何が問題なのかをたずねているとわかる。

5 (1)　期間をたずねる疑問文。　(2)　理由をたずねる疑問文。

ポイント整理

例題

次の文の（　　）内から最も適切なものを選び，○で囲みなさい。

□❶ I (does, am, can) speak English.

□❷ We (has to, must) help elderly people.

□❸ (May, Am) I sit down here? — No, you (must not, aren't).

□❹ You (aren't, shouldn't) speak Japanese in this English class.

① 助動詞　→❶～❹

解答 ❶ can ❷ must ❸ May, must not ❹ shouldn't

助動詞は，〈助動詞＋動詞の原形〉の形で使われる。否定文・疑問文をつくるときは，do [does / did] を用いない。

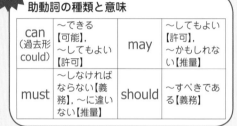

助動詞の種類と意味

can （過去形 could）	～できる【可能】， ～してもよい【許可】	may	～してもよい【許可】， ～かもしれない【推量】
must	～しなければならない【義務】，～に違いない【推量】	should	～すべきである【義務】

否定文 〈助動詞＋not＋動詞の原形〉の語順。

You **must not** sit up late.

（あなたは夜更かししてはいけません。）

疑問文 〈助動詞＋主語＋動詞の原形 ～?〉の語順。

Can you swim?

— Yes, I **can**. / No, I **cannot** [**can't**].

（あなたは泳げますか。

— はい，泳げます。／いいえ，泳げません。）

I can't swim!

大切 助動詞と同じ意味を表す表現

① be able to ～「～できる」：主語の人称と数，時制によってbe動詞を使い分ける。canとほぼ同じ意味を表す。

Mike **is able to** speak Japanese.（マイクは日本語を話せます。）

否定文・疑問文のつくり方はbe動詞の文と同じ。

② have [has] to ～「～しなければならない」：主語が3人称単数の場合はhas toを用いる。mustとほぼ同じ意味を表す。否定文・疑問文ではdo [does]を用いる。

否定文 主語に合わせてdon't [doesn't]を前につける。

Mary **doesn't have to** practice tennis.（メアリーはテニスを練習する必要がありません。）

疑問文 〈Do [Does]＋主語＋have to＋動詞の原形 ～?〉の語順。

Do you **have to** go home early today?（今日は早く帰らなければなりませんか。）

大切 mustには過去形がないので，過去の文ではhad toを使う。

have [has] to の否定形はdon't [doesn't] have toで「～しなくてもよい」だが，mustの否定形must notは「～してはいけない」という禁止の意味になる。

You must not go alone.
（1人で行っちゃダメ！）
強い禁止を表すよ。

基本問題

→別冊解答 p.8

1 助動詞 次の日本文に合うように，（ ）内に適切な助動詞を入れなさい。

(1) ジュディーは私のことを怒っているかもしれません。

Judy（　　　　　　）be angry with me.

(2) 私の姉は上手に踊れます。

My sister（　　　　　　）dance well.

(3) 彼女は今日ここへ来ることはできません。

She（　　　　　　）come here today.

(4) 彼は出発しなければなりませんか。

（　　　　　　）he leave?

(5) あなたは今すぐ仕事にとりかかるべきです。

You（　　　　　　）start your work right now.

(6) あの少年はケンの弟に違いありません。

That boy（　　　　　　）be Ken's brother.

(7) 彼はそこへ行かなくてもよいです。

He（　　　　　）（　　　　　　）to go there.

2 助動詞の文の書きかえ 次の英文を，（ ）内の指示にしたがって書きかえなさい。

(1) Those boys can run very fast. （be able to ～を使った文に）

_____

(2) （(1)でつくった文をwillを使った未来の文に）

_____

(3) Lisa <u>must</u> walk to school.

（下線部を２語にしてほぼ同じ意味の文に）

_____

(4) Don't run around in the room.

（mustを使ってほぼ同じ意味の文に）

_____

(5) Mike and Tom have to get up early. （過去形の文に）

_____

(6) （(5)でつくった文を疑問文に）

_____

📖 暗記

● 〈助動詞＋not〉の短縮形

・cannot → can't

・could not → couldn't

・must not → mustn't

・should not → shouldn't

参考

● ていねいな依頼文

Could [Would] you ～?「～していただけませんか」は，Can [Will] you ～?よりもていねいな言い方になる。

👍 大切

● Shall を使った会話表現

・Shall I ～?「（私が）～しましょうか」

Shall I open the door? — Yes, please. / No, thank you.

（ドアを開けましょうか。— はい，お願いします。／いいえ，結構です。）

・Shall we ～?「（いっしょに）～しましょうか」

Shall we play tennis? — Yes, let's. / No, let's not.

（テニスをしましょうか。— はい，しましょう。／いいえ，やめましょう。）

※Shall we ～?はLet's ～の文に書きかえが可能。

⚠️ 注意

canの未来は，will be able toとする。

1 **適語選択** (6点×3=18点)

次の文の（　）内から最も適切なものを選び，記号を○で囲みなさい。

(1) （ ア Would　イ Have to　ウ Can　エ Cannot ）I use this dictionary?

(2) I think doing *kamishibai* is very difficult. You（ア can　イ don't have to　ウ shouldn't　エ must ）remember a story, change pictures, and use different voices. 〈静岡県・改〉

正答率67% (3) A：（ ア May I help you?　イ Here you are.　ウ How are you?　エ You're welcome. ） 〈栃木県〉

B：Yes. I'm looking for a watch.

2 **適語補充** (6点×4=24点)

次の日本文に合うように，（　）内に適切な語を入れなさい。

(1) 今晩，妹の世話をしなければなりません。 〈沖縄県・改〉

I （　　　　　） take care of my sister this evening.

(2) あなたはもっと一生懸命勉強するべきです。

You （　　　　　） study harder.

(3) 彼は母親を手伝わなくてはいけません。

He （　　　　　）（　　　　　） help his mother.

(4) 私は本を見つけることができません。

I （　　　　　）（　　　　　） the book.

3 **並べかえ** (6点×5=30点)

次の文の（　）内の語を並べかえて，英文を完成させなさい。

(1) A：Andy is late. What should we do? 〈千葉県〉

B：We (wait / to / have / for / don't) him. Don't worry. He'll catch the next train.

_____

(2) (to / of / all / us / able / were) get tickets to the concert.

_____

HINT _____

1 (1)「～してもいいですか」　(2) 解答する部分だけでなく，全体を読むこと。
(3) 買い物のときに店員と客との間で交わされる会話。

2 (1) 1語で「～しなければならない」を表す。　(3) 主語が He であることに注意。

3 (1) have to ～の否定文。　(2) be able to ～を使った過去の文。

(3) (should / what / do / we) to make our school better?

_____

(4) I (the / had / run / to / station / to) this morning.

_____

 (5) 伝統のものが何か新しいものをつくり出すことができます。 〈熊本県・改〉

(can / things / something / traditional / make) new.

_____

---

4 読解 （7点×2＝14点）

次の英文を読んで，あとの問いに答えなさい。 〈愛媛県・改〉

　　One day in September, Mr. Suzuki, an English teacher, took a new foreign English teacher to Yuki's class.　He said, "This is Mary, your new ALT. Mary, this is your first class, so ①could you talk about yourself?"　Mary said, "OK.　Nice to meet you, everyone.　I'm Mary.　I'm from Australia.　I'm very excited to work as an ALT.　②Let's enjoy today's English class."

(1) 下線部①の英文を日本語になおしなさい。

_____

 (2) 下線部②を，shall を使ってほぼ同じ意味の文に書きかえなさい。

_____

---

5 和文英訳 （7点×2＝14点）

次の日本文を，（　）内の指示にしたがって英語になおしなさい。

(1) 私は昨夜眠れませんでした。（could を使う）

_____

(2) 私があなたのカバンを運びましょうか。（shall を使う） 〈千葉県・改〉

_____

HINT _____

3 (4) 「～しなければならなかった」という文。　(5) something new「何か新しいもの」
4 (1) Can you ～？よりもていねいな表現。　(2) Let's ～以外の「～しましょう」の意味の表現を考える。
5 (1) not は助動詞の後ろに置く。　(2) Shall I ～？「～しましょうか」

07 不定詞(1)

重要度 ★★★

学習日　月　日

ポイント整理

例題

次の文の（　　　）内から最も適切なものを選び，○で囲みなさい。

- □❶ I want (see, to see) my aunt.
- □❷ Her plan is (to visit, visits) her friend.
- □❸ (To play, Play) soccer is fun.
- □❹ I'm glad to (hear, heard) the news.
- □❺ My brother has a lot of books (to read, read).

① 不定詞の基本

大切 不定詞は〈to+動詞の原形〉で表す。不定詞には次の3つの用法がある。

① 名詞的用法「〜すること」→❶❷❸　　　　　　解答 ❶ to see ❷ to visit ❸ To play

　文の目的語，補語，主語になる。

　(1) 目的語になる場合

　　I want **to live** in the United States.
　　（私はアメリカに住みたいです。）

　(2) 補語になる場合

　　My job is **to teach** English.
　　（私の仕事は英語を教えることです。）

　(3) 主語になる場合

　　To use this machine is easy.
　　（この機械を使うことは簡単です。）

want to 〜（〜したい）
try to 〜（〜しようと〔努力〕する）
start [begin] to 〜（〜し始める）などの
形でよく使われるよ。

I want to sing songs well.
上手に歌が歌いたいわぁ♪

② 副詞的用法「〜するために，〜して」→❹　　　　　　解答 ❹ hear

　(1)「〜するために」の意味で，動詞を説明して目的を表す。

　　I study hard **to be** a doctor.
　　（私は医者になるために一生懸命勉強します。）

　(2)「〜して」の意味で，感情の原因を表す。

　　We are happy **to see** you.
　　（私たちはあなたに会えてうれしいです。）

大切

よく使われる形容詞
「〜して…だ」〈be動詞＋形容詞＋不定詞〉
be happy [glad] to 〜「〜してうれしい」
be surprised to 〜「〜して驚く」
be sad to 〜「〜して悲しい」

③ 形容詞的用法「〜するための，〜すべき」→❺　　　　　　解答 ❺ to read

「〜するための，〜すべき」の意味で，すぐ前にある名詞・代名詞に説明を加える。

She has a lot of work **to do**.

（彼女にはするべき仕事がたくさんあります。）

● 入試によく出る
フレーズ

I want to go to a library.
（私は図書館に行きたいです。）

基本問題

→別冊解答 p.9

1 不定詞の形　次の文の（　）内から最も適切なものを選び，○で囲みなさい。

(1) I bought an English dictionary (study , to study) English.

(2) Do you want (to go , go) to bed early?

(3) She went (sees , to see) a doctor because she felt ill.

(4) We hope (hear , to hear) from her as soon as possible.

2 不定詞の名詞的用法・副詞的用法　次の文の（　）内の語を，適切な形になおしなさい。ただし，1語とは限らない。

(1) I want (visit) Australia some day. 　　　（　　　　　）

(2) I came home early (watch) TV. 　　　（　　　　　）

(3) A : Why did you get up early this morning?
　　B : (walk) my dog. 　　　（　　　　　）

(4) A : Would you like (join) us?
　　B : Yes. I like to play baseball. 　　　（　　　　　）

3 不定詞の形容詞的用法　次の日本文に合うように，（　）内に適切な語を入れなさい。

(1) 私にはこのカバンを買う十分なお金がありません。
I don't have enough money (　　　　　)(　　　　　) this bag.

(2) 何か読む物を持っていますか。
Do you have anything (　　　　　)(　　　　　)?

(3) 今日はすることがたくさんあります。
I have a lot of things (　　　　　)(　　　　　) today.

4 不定詞の意味　次の英文を日本語になおしなさい。

(1) Would you like something to drink?

_____

(2) I use my computer to play games on the Internet.

_____

(3) To talk with friends is fun.

_____

！ 注意

● 目的語に不定詞だけをとる動詞
want（～を欲する），hope（～を望む），wish（～を望む），decide（～を決心する）などは，「～すること」という意味の目的語をとるとき，必ず不定詞を用いる。動名詞(→p.38)は用いない。

×I decided living abroad.
○I decided to live abroad.
（私は外国に住むことを決心しました。）

参考

● 不定詞を使った会話表現
不定詞の副詞的用法は，Why～?の疑問文に答えるときにも使われる。

A : Why do you study so hard?
（なぜそんなに一生懸命勉強するのですか。）
B : To be a teacher.
（先生になるためです。）

！ 注意

● 〈-thing＋形容詞〉と不定詞を使った表現
-thingのつく代名詞を，形容詞と不定詞の形容詞的用法が同時に説明するときは，〈-thing＋形容詞＋to～〉の語順になる。

I want something cold to drink.
（私は何か冷たい飲み物がほしいです。）

07 トレーニングテスト

1 適語選択 (4点×3＝12点)

次の文の（　）内から最も適切なものを選び，記号を○で囲みなさい。

(1) Aki was very surprised （ ア to see　イ see　ウ sees　エ saw ） the man.

(2) *A* : You look tired. 〈岩手県〉

　　B : I went to bed late last night.

　　A : What were you doing?

　　B : I had a lot of work （ ア do　イ did　ウ doing　エ to do ）.

(3) Kazuo went to Australia （ ア study　イ studies　ウ studied

　　エ to study ） English. 〈沖縄県〉

2 適語補充 (7点×4＝28点)

次の日本文に合うように，（　）内に適切な語を入れなさい。

(1) ハナはあなたといっしょにいることが本当に好きなのですね。 〈群馬県・改〉

　　Hana really likes （　　　　　）（　　　　　） with you.

(2) 幼稚園を訪ねる日がやってきました。 〈北海道・改〉

　　The day （　　　　　）（　　　　　） the kindergarten came.

(3) トムの趣味は野球観戦です。

　　Tom's hobby is （　　　　　）（　　　　　） baseball games.

(4) 私はあなたがたと勉強する機会を得て，とてもうれしいです。 〈愛知県・改〉

　　I am very glad （　　　　　）（　　　　　） the chance to study with you.

3 並べかえ (6点×5＝30点)

次の文の（　）内の語を並べかえて，英文を完成させなさい。

(1) I (help / like / their / them / to / with) work. 〈京都府・改〉

_____

(2) *A* : Have you ever been to Lake Towada? 〈秋田県〉

　　B : Yes. I think it is (place / nice / a / go / to) camping.

_____

HINT

1 (1) 「見て驚いた」　(2) 「するべき仕事がたくさんあった」と考える。

2 (1) 「いる」は be 動詞を使う。　(2) 「訪ねるための日」と考える。　(3) 不定詞が文の補語。

3 (1) 〈help ＋人＋ with ＋物〉「(人)の(物)を手伝う」。　(2) **Have you ever been to ...?**「…に行ったことはあるか」
→ p.60 **14** 現在完了形 (1)を参照。go camping「キャンプに行く」

 (3) A : I don't know why I often make my friends angry.　　　　〈千葉県〉

B : The important (think / before / thing / to / is) you speak.

_____

(4) I hope (good / to / have / a / with / time) my friends in America.

_____

 (5) We (hear / were / to / happy / really) the news.

_____

4 　**読解**　(7点×2＝14点)

次の英文を読んで，あとの問いに答えなさい。　　　　　　　　　　　　〈沖縄県・改〉

　What do you do when you want information?　①We can use TV, books, radio, and the Internet to get information.　The Internet began in the U.S. in *the 1960s and only a few people used ②it.　Now, it has become very popular and useful, so a lot of people in the world use it in their *daily lives.

（注）the 1960s「1960年代」　daily lives「日常生活」

(1) 下線部①を日本語になおしなさい。

_____

(2) 下線部②が指すものを本文中から２語で抜き出しなさい。　（　　　　　）（　　　　　）

5 　**和文英訳**　(8点×2＝16点)

次の日本文を英語になおしなさい。

(1) 私は本を読むために図書館へ行きました。

_____

(2) あなたは自分の部屋をそうじする必要があります。

_____

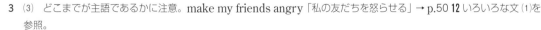

3 (3) どこまでが主語であるかに注意。make my friends angry「私の友だちを怒らせる」→ p.50 **12** いろいろな文 (1)を参照。

4 (1) 不定詞のどの用法かに注意して訳す。　(2) 下線部②よりも前の文中から探す。

5 (1) 「～するために」を不定詞で表す。　(2) 「～する必要がある」は〈need to＋動詞の原形〉を使う。

08 重要度 ★★★ 不定詞(2)

ポイント整理

例題

次の文の(　　)内から最も適切なものを選び，○で囲みなさい。

□❶ I wanted her (to help, helping, helped) me.

□❷ Please tell me (how, how to, the way) use this computer.

□❸ It is fun (of, to, for) me (play, playing, to play) tennis.

□❹ This book is too difficult for me (understand, understanding, to understand).

---

① 〈want＋人＋to〜〉 →❶

解答 ❶ to help

〈want＋人＋to＋動詞の原形〉で「(人)に〜してほしい」という意味を表す。
want，tell，askなどがこの形で使われる。

My mother told *me* to wash the dishes.
（お母さんは私にお皿を洗うように言いました。）

I asked *Lisa* to sing a song.
（私はリサに１曲歌ってくれるように頼みました。）

大切

下の２文を比較しよう。

I want to go to the party.
＝パーティーに行くのは私
（私はパーティーに行きたいです。）

I want *her* to go to the party.
＝パーティーに行くのは彼女
（私は彼女にパーティーに行ってほしいです。）

---

② 疑問詞＋to〜の文 →❷

解答 ❷ how to

〈疑問詞＋to＋動詞の原形〉は名詞のような働きをする。
〈how to＋動詞の原形〉で「どのように〜したらよいか，〜の仕方」という意味を表す。

---

③ It is...(for_)to〜の文 →❸

解答 ❸ for, to play

〈It is ...(for __)to＋動詞の原形 〜〉の形で
「(―が)〜することは…だ」という意味を表す。

大切

大切 Itは形式上の主語[形式主語]で，to以下の内容を指す。「それは」とは訳さない。〈for __〉が不定詞の意味上の主語。

It is fun *for me to play the guitar.
＝
形式主語＝to以下を指す

*不定詞〈to＋動詞の原形〉の意味上の主語
（ギターを弾くことは私にとって楽しいです。）

---

④ too...to〜の文 →❹

解答 ❹ to understand

・〈too＋形容詞[副詞]＋to＋動詞の原形〉で「とても[あまりにも]…で〜できない」という意味を表す。
「とても…で―が〜できない」は〈too＋形容詞[副詞]＋for__＋to＋動詞の原形〉の形。

・〈so＋形容詞[副詞]＋that＋主語＋can't[cannot]〜〉「あまりにも…で〜できない」と書きかえられる。

The man is too tired to work.（その男の人はあまりにも疲れていて働けません。）
→The man is so tired that he can't work.

入試によく出る
フレーズ

Tell me how to solve this question.
（この問題の解き方を教えて。）

基本問題

→別冊解答 p.11

1 〔動詞＋人＋to ～の文〕 次の文の（　）内の語を並べかえて，英文を完成させなさい。

(1) She (me / asked / to / back / call).

_____

(2) I (girls / want / the / to / happy / be).

_____

(3) Tom's father (him / told / not / to / out / go).

_____

2 〔疑問詞＋to ～の文〕 次の日本文に合うように，（　）内に適切な語を入れなさい。

(1) 次に何をしたらよいか教えてくれませんか。
Will you tell me (　　　　　) to do next?

(2) どこへ行ったらよいかわかりません。
I don't know (　　　　　) to go.

3 〔It is ...〈for ＿〉to ～の文〕 次の日本文に合うように，（　）内に適切な語を入れなさい。

(1) 英語を勉強することは大切です。
It is (　　　　　)(　　　　　) study English.

(2) エマにとって料理をすることは楽しいです。
It is fun (　　　　　) Emma (　　　　　) cook.

(3) 彼にとって英語で手紙を書くのは簡単です。
It is easy (　　　　　)(　　　　　)(　　　　　) write a letter in English.

4 〔too ... to ～の文〕 次の英文を，（　）内の指示にしたがって書きかえなさい。

(1) I am too tired to stand up.（so ... that ～を使った文に）

_____

(2) It was so cold that we couldn't stay outside for long.
（too ... to ～を使った文に）

_____

 参考

● 不定詞の否定形
不定詞を否定する場合は，to ～の前にnotを置く。
〈ask [tell]＋人＋not to＋動詞の原形〉で，「～しないように頼む[言う]」の意味。

📖 暗記

●〈疑問詞＋to＋動詞の原形〉
・when to ～
（いつ～したらよいか）
Tell me when to call you.（いつ電話したらよいか私に教えて。）
・where to ～
（どこで[へ] ～したらよいか）
I know where to buy the ticket.
（どこで切符を買ったらよいか知っています。）
・what to ～
（何を～したらよいか）
I can't decide what to buy.（何を買ったらよいか決められません。）

 注意

● It is ... of ＿ to ～の文
careless（不注意な）やkind（親切な）のように人の性質を表す形容詞を使うときは，forではなくofを使う。
It is careless of you to miss the sign.
（標識を見逃すとはあなたは不注意です。）

1 **適語選択** （4点×3＝12点）

次の文の（　）内から最も適切なものを選び，記号を○で囲みなさい。

(1) It is important (ア　of　イ　for　ウ　to　エ　on) us to know about our own countries well.

(2) I want (ア　you to　イ　to you　ウ　for you　エ　you) work here with me.

(3) I was too excited (ア　sleep　イ　sleeping　ウ　to sleep　エ　slept) last night.

2 **適語補充** （4点×3＝12点）

次の日本文に合うように，（　）内に適切な語を入れなさい。

(1) いつスピーチを始めたらよいか教えてくれませんか。

Will you tell me (　　　　) (　　　　) start my speech?

(2) 私の姉はギターの弾き方を教わりました。　　　　　　　　　　〈神奈川県・改〉

My sister learned (　　　　) (　　　　) play the guitar.

(3) 私はメグに，どこに座ったらよいかたずねました。

I asked Meg (　　　　) (　　　　) sit.

3 **並べかえ** （5点×4＝20点）

次の文の（　）内の語(句)を並べかえて，英文を完成させなさい。

(1) It is (learn / to / interesting / foreign / about) countries.

_____

(2) It is (for / me / too / dark / to / the key / find) in the bag.

_____

(3) I (to / know / want / more foreign people / about Japanese culture). 〈茨城県〉

_____

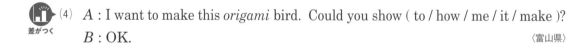

(4) *A* : I want to make this *origami* bird. Could you show (to / how / me / it / make)?
B : OK.　　　　　　　　　　　　　　　　　　　　　　　　　〈富山県〉

_____

HINT

1 (1) 不定詞の意味上の主語を表すには，どの前置詞を使うかを考える。　(2) あとに続く動詞が原形であることに注目。
(3) 「あまりに…で～できない」の文。

3 (1) 〈It is ... to ＋動詞の原形〉の文。　(2) too ... to ～の文の意味上の主語も〈for ＿〉で表す。
(3) know about ... 「…について知る」　(4) 「それのつくり方を見せていただけますか」

4 同意文完成 （6点×3＝18点）

次の各組の文がほぼ同じ意味を表すように，（　）内に適切な語を入れなさい。

(1) I couldn't study because I was very tired yesterday.

I was (　　　　) tired (　　　　) study yesterday.

(2) You were careless to leave your bag in the bus.　〈東京 城北高〉

It was careless (　　　　) (　　　　) to leave your bag in the bus.

(3) The man said to us, "Don't touch the vase on the table."

The man told us (　　　　) (　　　　) (　　　　) the vase on the table.

5 読解 （7点×2＝14点）

次の英文は，ある雑誌の中でピアニスト(pianist)のEva Miltonが自分の中学時代のことを書いた記事の一部である。これを読んで，あとの問いに答えなさい。　〈岡山朝日高・改〉

　　When I was a junior high school student, my dream was to become a pianist. I practiced the piano very hard every day but I could not play the piano very well. My music teacher was a very good pianist and I liked him very much. I asked him for advice. He told me (study) math hard. I didn't understand his answer at that time but I studied math hard. Now I have become a professional pianist. I thank him for his words.　Math is very useful for me.

(1) 下線部の英文を日本語になおしなさい。

_____

(2) （　）内の語を適切な形になおしなさい。1語とは限らない。　　　（　　　　　　　）

6 和文英訳 （8点×3＝24点）

次の日本文を，（　）内の指示にしたがって英語になおしなさい。

(1) ピアノを練習することは楽しいです。（主語をItにして）　〈三重県・改〉

_____

(2) 彼はどうしていいかわかりませんでした。（whatを使って）　〈東京 城北高・改〉

_____

(3) 私はその男の子に窓を開けるように頼みました。（askを使って）

_____

4 (3) 禁止の命令文は，不定詞の否定形を使った文に書きかえられる。

5 (1) 不定詞の名詞的用法の文。

6 (1) 「ピアノを練習すること」を不定詞で表す。　(2) 〈疑問詞＋to＋動詞の原形〉の文。

重要度 ★★★
不定詞⑶・動名詞

ポイント整理

例題

次の文の（　　）内から最も適切なものを選び，○で囲みなさい。

□❶ Let me (sing , to sing) a song.

□❷ My hobby is (watch , watching) TV.

□❸ You should stop (to eat , eating) too much.

① 原形不定詞 →❶

解答 ❶ sing

原形不定詞（**to** のつかない不定詞）は，使役動詞などとともに使われる。

① 〈let[make]（使役動詞）＋目的語＋原形不定詞〉「…に～させる」

Please let me **introduce** myself.（私に自己紹介させてください。）

② 〈help＋目的語＋原形不定詞〉「…が～するのを手伝う」

I helped him **clean** the room.（私は彼がその部屋をそうじするのを手伝いました。）

② 動名詞の基本 →❷

解答 ❷ watching

〈動詞の～ing形〉で表し，名詞的な働きをする。文の主語，補語，目的語，前置詞の目的語になる。

<u>Living</u> in America is interesting.（アメリカに住むことはおもしろいです。）
主語

My favorite activity is **playing** baseball.（私のお気に入りの活動は野球をすることです。）
補語

She enjoys **making** cookies.（彼女はクッキーをつくることを楽しみます。）
動詞の目的語

I'm good *at* **speaking** English.（私は英語を話すことが得意です。）
前置詞の目的語

③ 不定詞と動名詞 →❸

解答 ❸ eating

不定詞の名詞的用法と動名詞はともに「～すること」という意味を表す。動詞の中には，目的語に不定詞のみをとるもの，動名詞のみをとるもの，両方をとるものがある。

大切

不定詞のみを目的語にとる動詞	want（～を欲する），hope（～を望む），wish（～を望む），decide（～を決心する），need（～する必要がある），learn（～を学ぶ）など
動名詞のみを目的語にとる動詞	enjoy（～を楽しむ），finish（～を終える），give up（～をやめる），practice（～を練習する），stop（～することをやめる）など
不定詞・動名詞の両方を目的語にとる動詞	start（～を始める），begin（～を始める），like（～を好む），love（～が大好きである）など

注意

〈stop to＋動詞の原形〉は，「立ち止まる」の意味の自動詞 stop のあとに不定詞の副詞的用法が続く形で，動詞の目的語ではない。「～するために立ち止まる」の意味。

He **stopped to think**.（彼は考えごとをするために立ち止まりました。）

基本問題

→別冊解答 p.12

1 原形不定詞　次の日本文に合うように，（　）内に適切な語を入れなさい。

(1) 彼女は私が数学を勉強するのを手伝ってくれました。

She helped me (　　　　　　) math.

(2) 彼は私たちを20分間待たせました。

He made us (　　　　　　) for twenty minutes.

2 動名詞の基本　次の文の（　）内から最も適切なものを選び，○で囲みなさい。

(1) I like (write, writing) poems.

(2) (Cook, Cooking) is fun.

(3) He likes (take, taking) pictures.

(4) We're looking forward to (hear, hearing) from you.

(5) (Visiting, Visit) foreign countries is very interesting.

3 動詞の目的語になる動名詞　次の文に（　）内の語を正しい形にして加え，全文を書きなさい。

(1) I enjoyed lunch with her yesterday. (eat)

_____

(2) He likes movies. (watch)

_____

(3) They gave up the video game. (play)

_____

(4) I finished my homework. (do)

_____

4 動名詞を使った表現　次の英文を日本語になおしなさい。

(1) Do you remember seeing me at the library?

　図書館で私と（　　　　　　　　　　　　　　）。

(2) She forgot locking the door.

　彼女はドアにカギを（　　　　　　　　　　　）。

(3) My brother stopped watching TV.

　兄は（　　　　　　　　　　　　　　　　　　）。

📖 暗記

● **動名詞の重要表現**

・be good at 〜ing
（〜するのが得意だ）

・thank 人 for 〜ing
（…が〜してくれたことに感謝する）

・How about 〜ing?
（〜しませんか）

・look forward to
〜ing（〜するのを楽しみにして待つ）

👍 大切

● あとに続くのが不定詞か動名詞かで意味の変わる動詞

◎ remember

・〈remember＋不定詞〉（忘れずに〜する）
Remember *to call* me.（忘れずに私に電話しなさい。）

・〈remember＋動名詞〉（〜したことを覚えている）
I remember *calling* her.（私は彼女に電話したことを覚えている。）

◎ forget

・〈forget＋不定詞〉（〜することを忘れる）
He forgot *to eat* lunch.（彼は昼食を食べるのを忘れた。）

・〈forget＋動名詞〉（〜したことを忘れる）
He forgot *eating* lunch.（彼は昼食を食べたことを忘れた。）

1 　**適語選択**　(4点×4＝16点)

次の文の(　)内から最も適切なものを選び，記号を○で囲みなさい。

(1)　Please let me (ア　know　イ　knows　ウ　knew　エ　to know) about that.

(2)　My father is a doctor. (ア　Help　イ　Helps　ウ　Helped　エ　Helping) sick people is his job.　　　　　　　　　　〈沖縄県〉

正答率82% (3)　We enjoyed (ア　watch　イ　watched　ウ　to watch　エ　watching) the movie.　　　　　　　　　　〈栃木県〉

(4)　What do you say to (ア　go　イ　going　ウ　goes　エ　went) to Hokkaido this summer?　　　　　　　　　　〈茨城 江戸川学園取手高・改〉

2 　**適語補充**　(5点×4＝20点)

次の日本文に合うように，(　)内に適切な語を入れなさい。ただし，1語とは限りません。

 (1)　ケンは食べる前に手を洗うことを忘れました。

Ken forgot (　　　　　　) his hands before (　　　　　　).

(2)　私は10年前にこの町を訪れたことを覚えています。

I remember (　　　　　　) this town ten years ago.

(3)　彼はそのとき突然，歌を歌うのをやめました。

He suddenly stopped (　　　　　　) a song then.

(4)　放課後にテニスをしませんか。

How about (　　　　　　) tennis after school?

3 　**並べかえ**　(6点×3＝18点)

次の文の(　)内の語(句)を並べかえて，英文を完成させなさい。

(1)　(my mother / I / her car / wash / helped).

_____

正答率60% (2)　A : What are you going to do during the summer vacation?　　〈福島県〉

B : I'm going to stay in Okinawa with my family for three days.　I'm (forward / in / swimming / to / the sea / looking).

_____

差がつく (3)　(making / don't / be / of / mistakes / afraid).

_____

 HINT

1　(2)　「病気の人を助けること」を主語にする。　(4)　What do you say to ～ ing?「～するのはどうですか」(提案)

2　(1)～(3)　あとに続くのが不定詞か動名詞かで意味が変わる動詞。

4 読解 （7点×2＝14点）

次の対話文を読んで，あとの問いに答えなさい。 〈秋田県・改〉

Jihoo : I want to study in America to be a scientist in the future. America is an *advanced country in science. So I try very hard for my dream.

Taku : Me, too. ①<u>My dream is to study high *technology in America and bring it to Akita</u>. Well, do many students in Korea want to study in other countries in the future?

Jihoo : Of course. I found some information on the Internet. ②<u>In Korea, (dream / studying / is / a / abroad) of many high school students</u>, and the *percentage of those students is much higher than in America.

（注）advanced「先進の」 technology「科学技術」 percentage「割合」

(1) 下線部①の英文を動名詞を使って書きかえなさい。（My dream で文をはじめる）

_____

(2) 下線部②の（ ）内の語を並べかえて，「韓国では，留学することが多くの高校生の夢です」という文になるようにしなさい。

_____

5 和文英訳 （8点×4＝32点）

次の日本文を，（ ）内の指示にしたがって英語になおしなさい。

(1) あなたはギターを弾くことが得意ですか。（good at を使って）

_____

(2) 私はあなたに会ったことを決して忘れないでしょう。（will と動名詞を使って）

_____

(3) 毎朝走ることは健康によい。（動名詞を使って）

_____

(4) 1時間前に雨が降り始めました。（動名詞を使って）

_____

 HINT
_____

4 (1) to study だけではなく（to）bring も動名詞にする。
  (2) 動名詞 studying が主語になる。「留学する」study abroad
5 (2) 「決して～ない」never (3) 「健康によい」good for your health (4) 「雨が降る」rain

10 接続詞・前置詞

重要度 ★★★

学習日　　月　　日

ポイント整理

例題

次の文の（　　）内から最も適切なものを選び，○で囲みなさい。

□❶ I wake up (and , but) eat breakfast.
□❷ (However , If) you finish your work, please tell me.
□❸ I know (that , but) she is kind.
□❹ She goes to school (by , in) bus.

① 接続詞　→❶❷❸

解答 ❶ and　❷ If　❸ that

接続詞は，語と語，句と句，節と節を結ぶ語である。

and, but, or など，文法上，対等なものを結ぶ接続詞

～and ... （～と…／～そして…）	例 boys **and** girls （男の子と女の子）〈語と語〉
～but ... （～だが…／～しかし…）	例 He is smart, **but** he is too young. （彼は賢いが若すぎる。）〈節と節〉
～or ... （～か…／～それとも…）	例 before dinner **or** after dinner （夕食前か夕食後）〈句と句〉

when, if, that など，節と節を結ぶ接続詞

時を表す副詞節を導く	when（～のとき），after（～のあとで），before（～の前に）， while（～の間に），until（～まで），since（～以来）
条件・理由・譲歩を表す 副詞節を導く	if（もし～なら），because（～だから），though（～だけれども）
名詞節を導く	that（～ということ）　※省略できる場合がある。意味は変わらない。

副詞節は副詞と，名詞節は名詞と同じような働きをする〈主語＋動詞 ～〉のまとまり。when, after, if などが導く節の中では，未来の内容を表すときも現在形で表す。

Call me if you **are** free *tomorrow*.　（明日，ひまなら電話してね。）
　　　　　　└ (×) will be

② 前置詞　→❹

解答 ❹ by

前置詞は，名詞の働きをしている語（句）と結びつく。名前のとおり，名詞の前に置かれる。

覚えておきたい主な前置詞

時・期間を表す	at（…に）：時刻など，on（…に）：日付・曜日など，in（…に）：年・月・季節など before（…の前に），after（…のあとに），during（…の間に），for（…の間に）
場所を表す	at（…に），on（…の上に），in（…の中に），under（…の下に），by（…のそばに） between（…の間に），near（…の近くに），among（…の中で）
方向を表す	to（…へ），for（…へ），toward（…の方へ）
手段・道具などを表す	by（…によって）：交通手段など，with（…で）：道具，in（…で）：言語
その他	with（…といっしょに），without（…なしで），for（…のために），of（…の）

基本問題

→別冊解答 p.13

1 接続詞 次の日本文に合うように，（　　）内に適切な語を入れなさい。

(1) 私は彼女がここに来られることを望んでいます。
I hope （　　　　　　） she can come here.

(2) 私は映画に行きたいですが，今日は忙しいです。
I want to go to a movie, （　　　　　　） I'm busy today.

(3) もし雨が降れば，私たちは野球ができません。
We can't play baseball （　　　　　　） it is rainy.

(4) 私が帰ったとき，弟は寝ていました。
（　　　　　　） I came home, my brother was sleeping.

(5) 寝過ごしたので，彼は学校に遅刻しました。
He was late for school （　　　　　　） he overslept.

(6) 彼女はとても親切なので，いつも私を助けてくれます。
She is （　　　　　　） kind that she always helps me.

2 前置詞 次の日本文に合うように，（　　）内に適切な語を入れなさい。

(1) 彼は昼前にここに着くでしょう。
He will come here （　　　　　　） noon.

(2) 私はあなたに賛成です。
I agree （　　　　　　） you.

(3) 私は9時に家を出発しなければなりません。
I have to leave home （　　　　　　） nine o'clock.

(4) あなたは正午までに宿題を終えなければなりません。
You have to finish your homework （　　　　　　） noon.

(5) この歌は若い人たちの間で人気です。
This song is popular （　　　　　　） young people.

(6) その店は本屋とスーパーの間にあります。
The shop is （　　　　　　） the bookstore and the supermarket.

(7) 彼女はさよならも言わずに去りました。
She left （　　　　　　） saying goodbye.

📖 暗記

● 接続詞を使った
重要表現
・both A and B
（AとBの両方とも）
・either A or B
（AかBかどちらか一方）
・so ～ that …
（とても～なので…）
He is so smart that
he will understand
that.
（彼はとても賢いのでそれを理解するでしょう。）

👍 大切

● until と by の違い
・until（～まで）：終点
・by（～までに）：期限

📖 暗記

● 前置詞を含む
重要表現
・in front of …
（…の前に）
My house is in front
of the bookstore.
（私の家は書店の前にあります。）
・because of …
（…のせいで）
We were late
because of the
snow.（私たちは雪のせいで遅刻しました。）
・wait for …
（…を待つ）
I waited for him
until two.（私は2時まで彼を待ちました。）

Step 1

要点をおさえる！

10
接続詞・前置詞

1 **適語選択** (4点×8＝32点)

次の文の（　）内から最も適切なものを選び，記号を○で囲みなさい。

(1) *Omuraisu* is really good, (ア but　イ so　ウ if　エ when) you should try it if you come to Japan. 〈京都府・改〉

(2) Let's play baseball (ア or　イ if　ウ so　エ but) the weather is nice tomorrow. 〈沖縄県〉

(3) School starts (ア in　イ on　ウ at　エ with) September in Canada. 〈栃木県〉

(4) I wanted to use this bag (ア at　イ for　ウ to　エ in) a long time. 〈大阪府・改〉

(5) I'm (ア in　イ under　ウ by　エ as) the soccer club at school. 〈長崎県・改〉

(6) Molly came home and was very hungry, (ア since　イ or　ウ but　エ if) dinner was not ready. 〈鳥取県〉

(7) *A* : Did you watch the movie last night? 〈熊本県〉
 B : Yes, I did. It was so exciting (ア that　イ which　ウ when　エ why) I wanted to watch it again.

(8) I visited Nara (ア on　イ in　ウ at　エ for) November 24, 2011. 〈神奈川県〉

2 **適語補充** (4点×5＝20点)

次の文の（　）内に適切な語を入れなさい。（　）内に文字がある場合は，その文字で始まる語を書きなさい。

(1) *A* : Which color do you like better, blue (　　　　) white? 〈北海道〉
 B : I like blue better.

(2) The question was very difficult, (b　　　　) I could answer it. 〈栃木県・改〉

(3) (W　　　　) I go there, I will meet my uncle's friend, Mr. Davis.

(4) Yuriko studies math (　　　　) home every night.

(5) *A* : What is your dream? 〈岩手県〉
 B : I want to be a baseball player (l　　　　) Ichiro.

HINT

1 (1) （　）の前後の文をよく読み，内容から判断する。「…，だから～」 (2) 「野球をする」のはどういう状況か。
(4) 「長い間」という意味。

2 (1) 選択を表す接続詞。better「より～」→ p.46 11 比較を参照。 (2) （　）の前後の内容から考える。
(4) 「家で」の意味。 (5) 「…のような」は前置詞を使って表す。

3 並べかえ （5点×3＝15点）

次の文の（　）内の語（句）を並べかえて，英文を完成させなさい。

 (1) もし私たちの町に来たら，私たちを訪ねてください。 〈北海道〉

Please visit (you / us / if) come to our town.

_____

(2) I feel (when / finish / I / good) running. 〈大分県〉

_____

(3) 世界全体を示す地図を思い出せば，その質問に答えられます。 〈愛知県・改〉

You (if / a map / can answer / remember / the question / you) showing the whole world.

_____

4 読解 （6点×4＝24点）

次の Hiroshi がイギリスの Andy に書いた手紙を読んで，あとの問いに答えなさい。〈東京都・改〉

　How are you? I hope (①) you are fine. The weather is wonderful here (あ) Japan now. I went to Kyoto and Nara on a school trip last week. There I visited many places and saw a lot of old temples and shrines. Some of them were really big. One temple was built about a thousand years ago. I just can't believe (②) such big buildings were built such a long time ago. I was moved. I wonder how the people in the old days built them. Now I'm interested (い) old buildings in Japan. I think (③) it is important to take care (う) old buildings.　　　Yours,

Hiroshi

(1) ①～③には同じ語が入る。その語を書きなさい。　　　　　　　　（　　　　　）

(2) あ～うに入る前置詞を書きなさい。

あ(　　　　) い(　　　　) う(　　　　)

5 和文英訳 （9点）

次の日本文を英語になおしなさい。

私は大阪から東京まで新幹線（*Shinkansen*）で行きました。

_____

 HINT _____

3 (3) やや長いが，文の組み立て方は同じ。接続詞を探して，まず接続詞以降の文をつくる。

4 (1) 会話では省略されることが多い。　(2) （あ）広い場所を表すときの前置詞。

5 「新幹線で」は交通手段を表す前置詞 by を使う。

11 比較

重要度 ★★★

学習日　月　日

ポイント整理

例題

次の文の（　　）内から最も適切なものを選び，○で囲みなさい。

□❶ I am (old , older) than Ken.

□❷ Kate is the (younger , youngest) in our class.

□❸ This picture is (more beautiful , most beautiful) than that one.

□❹ Emi can run as (fast , faster) as Taku.

① 比較級と最上級の基本 →❶❷❸

解答 ❶ older ❷ youngest ❸ more beautiful

① **比較級**…〈比較級＋than …〉で「…よりも～」という２つのものの比較を表す。比較級は，形容詞・副詞の原級（もとの形）の最後に，ふつう-erをつけた形で表す。

Tom is **taller than** you.（トムはあなたよりも背が高いです。）

② **最上級**…〈the＋最上級＋of [in] …〉で「…の中でいちばん～」と，３つ以上を比較する。最上級は，形容詞・副詞の原級の最後に，ふつう-estをつけた形で表す。

Tom is **the tallest of** the three.
（トムは３人の中でいちばん背が高いです。）

ofの後ろは複数を表す名詞（例 of the three），inの後ろは場所や範囲（例 in the class）なので注意してね。

・つづりの長い語の比較級・最上級はそれぞれ〈more＋原級〉，〈most＋原級〉となる。

・不規則な変化をする語もある。

例 good [well]−better−best,
many [much]−more−most

大切

-er，-est / more，most のつけ方

	原級	比較級	最上級
語尾に -er, -est	fast	faster	fastest
語尾に -r, -st	nice	nicer	nicest
語尾の子音字を重ねて	big	bigger	biggest
語尾のyをiに変えて	happy	happier	happiest
前にmore, mostをつけて	famous	more famous	most famous

② 原級・比較級・最上級を用いた重要表現 →❹

解答 ❹ fast

・〈as＋原級＋as …〉「…と同じくらい～」

He is **as old as** you.（彼はあなたと同じくらいの年です。）

・〈like ～ better than …〉「…より～のほうが好きだ」

I **like** soccer **better than** baseball.（私は野球よりサッカーが好きです。）

・〈like ～ the best of [in] …〉「…の中で～がいちばん好きだ」

I **like** soccer **the best of** all sports.（私はすべてのスポーツの中でサッカーがいちばん好きです。）

・〈Which [Who] ～ 比較級, A or B?〉「AとBとではどちらが～ですか」

Which is **bigger**, the moon **or** the sun?（月と太陽とではどちらが大きいですか。）

・〈Which [Who] ～ 最上級＋of [in] …?〉「…の中で何 [だれ]がいちばん～ですか」

Who is **the tallest of** the three?（３人の中でだれがいちばん背が高いですか。）

入試によく出る
フレーズ

Which do you like better, tea or coffee?
（紅茶とコーヒーとでは，どちらが好き？）

基本問題

→別冊解答 p.14

1 　比較級　 次の文の（　　）内から最も適切なものを選び，◯で囲みなさい。

(1) This dog is (bigger,　biggest) than that one.

(2) I'm (busy,　busier) than my brother.

(3) Your pen is (longer,　longest) than mine.

(4) This question was (more difficult,　most difficult) than that one.

(5) This movie is (more popular,　most popular) than that one.

 大切

● more・most を使う語
・famous（有名な）
・useful（役に立つ）
・important（重要な）
・quickly（すばやく）
・careful（注意深い）
・slowly（ゆっくりと）

2 　最上級　 次の文の（　　）内の語を適切な最上級の形に変えなさい。ただし，2語になる場合がある。

(1) This dictionary is the (helpful) of all dictionaries.
（　　　　　　）

(2) He is the (young) of the three boys.
（　　　　　　）

(3) Today may be the (cold) day of the year.
（　　　　　　）

(4) This comic book is the (interesting) of all.
（　　　　　　）

(5) Ken can sing the (well).　（　　　　　　）

📖 暗記

● その他の重要表現
・⟨＿ times as ～ as ...⟩「…の一倍～」
He has three times as many books as you.（彼はあなたの3倍の本を持っています。）

・⟨much＋比較級⟩（比較級を強調して）「ずっと～」
Tom is much taller than I.（トムは私よりずっと背が高いです。）

・⟨比較級＋than any other＋単数名詞⟩「他のどんな…より～」
Mt. Fuji is higher than any other mountain in Japan.（富士山は日本の他のどの山よりも高い。）

・⟨one of the＋最上級＋複数名詞⟩「最も～な…の1つ」
This is one of the biggest cities in Japan.（これは日本で最も大きな都市の1つです。）

3 　重要表現　 次の日本文に合うように，（　　）内に適切な語を入れなさい。

(1) 私の自転車はあなたのと同じくらい新しいです。
My bicycle is (　　　　　)(　　　　　) as yours.

(2) 北海道は四国の約4倍の大きさです。
Hokkaido is about four (　　　　　)(　　　　　) large as Shikoku.

(3) 彼は日本で最もすぐれたスポーツ選手の1人です。
He is (　　　　　) of the (　　　　　) athletes in Japan.

(4) トムは他のどの学生よりも速く走ることができます。
Tom can run faster than (　　　　　)(　　　　　) student.

(5) 中国は日本よりずっと大きいです。
China is (　　　　　)(　　　　　) than Japan.

(6) 日本でいちばん大きな湖はどれですか。
(　　　　　) is the largest lake (　　　　　) Japan?

1 適語選択 (4点×3=12点)

次の文の( )内から最も適切なものを選び，記号を○で囲みなさい。

正答率
90% (1) Jane can speak Japanese (ア good イ better ウ best エ well) than Bob. 〈栃木県〉

(2) *A* : Mike is very tall. 〈宮崎県・改〉

B : Yes. He is the (ア tall イ taller ウ tallest エ most tall) boy in this class.

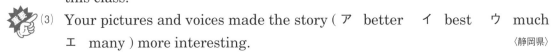(3) Your pictures and voices made the story (ア better イ best ウ much エ many) more interesting. 〈静岡県〉

2 適語補充 (5点×5=25点)

次の文の( )内に，文字がある場合はその文字で始まる語を，語がある場合は適切な形にして書きなさい。

注意 (1) *A* : English is the most difficult subject for me. 〈愛媛県〉

B : Really? I think it's (e   ) than math.

(2) "The Great Buddha of Nara" is one of the (big) Buddhas in Japan.

(   ) 〈茨城県・改〉

(3) My sister gets up (early) than I. (   ) 〈沖縄県・改〉

(4) *A* : Which mountain is the (h   ) in Japan? 〈国立高等専門学校〉

B : Mt. Fuji is. It's 3,776 meters to the top.

(5) New Year's Day is the (m   ) important holiday to my family. 〈茨城県〉

3 並べかえ (6点×4=24点)

次の文の( )内の語(句)を並べかえて，英文を完成させなさい。指示がある場合は，したがうこと。

(1) August (the / is / month / the year / <u>hot</u> / of) in Japan. （下線部を最上級に）

_____

(2) *A* : How about this bag? It has a nice color. 〈千葉県〉

B : It looks good, but it is (than / expensive / one / more / that).

_____

HINT

1 (1)「上手に」の意味を表す副詞の比較級にあたる語を選ぶ。

2 (1) Aに対してBは驚いていることから，Aの言った difficult と反対の語が入ると考えられる。

(4) Bが富士山と答えて，その高さを話していることから考える。

(3) A : How was the movie? 〈岩手県・改〉

B : Well, it (interesting / not / as / was) as the movie we saw last month.

(4) A : I need another large box like this one. 〈神奈川県〉

B : Well, I (is / that / think / box / as / than) large as this one. （1語不要）

4 読解 （7点×3＝21点）

次の英文を読んで，あとの問いに答えなさい。 〈埼玉県・改〉

Junko and her little sister Yumi went shopping to buy a birthday present for their father. They were looking for a T-shirt at a shop. They found a white T-shirt and thought it was cool. Then Yumi found a nice blue T-shirt. They thought the blue T-shirt was (good) than the white one. But the blue T-shirt looked too small for their father. So they asked the man, "①Do you have a large one in the same color?" He said, "Yes," and showed them a large ②one.

(1) （　）内の語を適切な形にして書きなおしなさい。 （　　　　　）

(2) 下線部①を「同じ色でこれよりもっと大きいTシャツがありますか」という文に書きかえたとき，（　）内に適切な語を入れなさい。

Do you have a (　　　　　) T-shirt (　　　　　) this one in the same color?

(3) 下線部②が指す内容を次のア～ウから選び，記号で答えなさい。

ア white T-shirt　イ blue T-shirt　ウ shop （　　　　　）

5 和文英訳 （9点×2＝18点）

次の日本文を英語になおしなさい。指示がある場合は，したがうこと。

(1) もっとゆっくり話してくれませんか。（will を使って）

(2) ジャネット（Janet）は部でいちばん上手なテニスの選手です。

HINT

3 (4) large のあとに as があることがヒント。

4 (1) 後ろに than があるので，比較級になおす。　(2) 「もっと大きい」は比較級で表す。

5 (1) 「ゆっくり（と）」slowly　(2) Janet is a good tennis player. を最上級にする。「部」club

49

12 いろいろな文(1)

構文の形と意味をセットで覚えよう！

重要度 ★★★

学習日　月　日

ポイント整理

例題

次の文の（　　）内から最も適切なものを選び，○で囲みなさい。

□❶ There (is , are) a junior high school over there.

□❷ (Clean , Cleaning) your room.

□❸ (Be , Let's) play volleyball!

□❹ I gave (my brother a CD , a CD my brother).

□❺ My friends (call me Chika , call Chika me).

□❻ I don't know (where , when , what) that dog is from.

① There is [are]...の文　→❶

解答 ❶ is

〈There is [are] ...〉で「…がある[いる]」の意味を表す。

否定文 be動詞のあとにnotを置く。

There **is not** [**isn't**] a park near here. （この近くに公園はありません。）

疑問文 be動詞をthereの前に出す。答えるときもthereを使う。

Is there a park near here? ― Yes, **there is**. / No, **there isn't**.

（この近くに公園がありますか。 ― はい，あります。／いいえ，ありません。）

② 命令文・Let's〜の文　→❷❸

解答 ❷ Clean ❸ Let's

・〈動詞の原形 〜〉で表す。禁止の命令文「〜してはいけません」は〈Don't＋動詞の原形 〜〉の形。

・〈Let's＋動詞の原形 〜〉で「〜しましょう」の意味を表す。Yes, let's. / No, let's not. で答える。

> be動詞の命令文はBeで始めるよ。
> Be careful!（気をつけて！）
> 禁止の命令文はDon't be〜.だよ。

③ SVOO／SVOCの文　→❹❺

解答 ❹ my brother a CD ❺ call me Chika

大切 ・〈主語(S)＋動詞(V)＋目的語(O₁)＋目的語(O₂)〉

動詞の後ろに目的語1「（人）に」と，目的語2「（物）を」の2つがくる。

I cooked him lunch. （私は彼に昼食をつくりました。）

大切 ・〈主語(S)＋動詞(V)＋目的語(O)＋補語(C)〉

・call，make，keepなどの動詞は，後ろに目的語と補語がくる。

> **大切**
> They call me Aya.
> （彼らは私をアヤと呼びます。）
> O＝C（「私」＝「アヤ」）
> Cには名詞か形容詞がくる。

④ 間接疑問・付加疑問文　→❻

解答 ❻ where

・間接疑問は，疑問文が文中に入ってknowなどの動詞の目的語になっているもの。〈疑問詞＋主語＋動詞〉の形になる。

・付加疑問文は，〈肯定文，否定の短縮形＋主語 [代名詞]?〉または〈否定文，肯定＋主語 [代名詞]?〉の形で「〜ですね」と念押しや同意を求める場合に用いる。

That boy is Ken, **isn't he**? （その少年はケンですよね。）

入試によく出る
フレーズ

I can't imagine what will happen next.
（次に何が起こるか想像できません。）

基本問題

→別冊解答 p.16

1 [There is [are] …の文]　次の文の（　）内から最も適切なものを選び，○で囲みなさい。

(1) There (is, are) some apples on the table.

(2) There (was, were) a restaurant at the corner before.

2 [命令文・Let's～の文]　次の日本文に合うように，（　）内に適切な語を入れなさい。

(1) いっしょに買い物に行きましょう。
　　（　　　　　　　　） go shopping together.

(2) この文を読みなさい。
　　（　　　　　　　　） this sentence.

(3) その部屋に入ってはいけません。
　　（　　　　　　　　） enter the room.

3 [SVOO・SVOCの文]　次の文の（　）内の語（句）を並べかえて，英文を完成させなさい。

(1) 母は私にいくらかお金をくれました。
　　My mother (money / me / gave / some).
　　_____

(2) 彼は私に1枚の写真を見せてくれました。
　　He (a picture / me / showed).
　　_____

(3) 彼の笑顔は私を幸せにします。
　　(me / makes / his / happy / smile).
　　_____

4 [間接疑問・付加疑問文]　次の日本文に合うように，（　）内に適切な語を入れなさい。

(1) だれがこれをつくったか知っています。
　　I know （　　　　　　） made this.

(2) あなたはフランス出身ですね。
　　You're from France, （　　　　　　） you?

！注意

〈There is [are] …〉の文は特定のもの（my desk, your bagなど）を表す場合には使わない。

👍大切

● S+V+O₁+O₂→
S+V+O₂+to [for] O₁の書きかえ
・He gave her a present. →
He gave a present to her.
（彼は彼女にプレゼントをあげました。）
・My mother made me a dress. →
My mother made a dress for me.
（私の母は私にドレスをつくってくれました。）

👍大切

疑問詞が主語の間接疑問は，〈疑問詞＋動詞～〉の語順になる。
I know who sent this letter.
（だれがこの手紙を送ったか知っています。）

📖暗記

● 注意すべき
付加疑問文
・〈命令文, will you?〉
・〈Let's～, shall we?〉

1 **適語選択** (5点×3=15点)

次の文の( )内から最も適切なものを選び，記号を○で囲みなさい。

正答率 75% (1) There (ア is イ has ウ are エ be) a lot of old buildings in Kyoto.

〈秋田県〉

注意 (2) When I went to the park last Sunday, there (ア isn't イ wasn't ウ aren't エ weren't) any children there. 〈沖縄県〉

正答率 63% (3) Do you know (ア whose イ where ウ who エ that) racket this is?

〈栃木県〉

2 **適語補充** (5点×2=10点)

次の日本文に合うように，( )内に適切な語を入れなさい。

(1) 何がそんなにあなたを悲しませるのですか。

What makes ( ) so ( )?

(2) あなたは昨夜私に電話をしましたよね。

You called me last night, ( )( )?

3 **並べかえ** (6点×5=30点)

次の文の( )内の語(句)を並べかえて，英文を完成させなさい。

正答率 88% (1) A : My bike is broken! 〈宮崎県〉

B : Don't worry. Look! There (over / a / is / bike shop / there).

_____

(2) A : Yoko, (Japanese / use / don't) during this game. 〈岩手県〉

B : OK. I won't.

_____

(3) A : Do you know this singer? I want to know his name. 〈徳島県〉

B : Yes, (the man / call / Billy / people). He is very popular now.

_____

 HINT _____

1 (1) ( ) のあとの a lot of old buildings は複数形。 (2) 過去の文であることに注意。

2 (1) so のあとには形容詞が入る。 (2) 一般動詞の過去の肯定文なので，付加疑問は過去形の否定形になる。

3 (1) over there「あそこに」 (2) 禁止の命令文。 (3) call A B「A を B と呼ぶ」

(4) *Linda* : You look happy. 〈高知県〉

Haru : Yes, I am. Tom (these / gave / beautiful / me / flowers).

_____

(5) *A* : What are you doing, Tom? 〈福島県〉

B : I'm looking for my camera. Do (where / is / know / it / you)?

_____

4 【読解】 (7点×3=21点)

次の, 老人ホームで行われる交流会についての対話文を読んで, あとの問いに答えなさい。〈山口県・改〉

Sayaka : Last year, we ①(sing) some songs. After that, we gave a message card to each person. We got many "Thank You" letters.

Brian : Oh, great! Have you decided ②(will / what / do / you) this year?

Sayaka : Yes. That's in this note. We'll dance. Then, we'll give calendars as a gift. ③We ( ) ( ) make them before our visit.

(1) ①の( )内の語を適切な形になおしなさい。 ( )

(2) ②の( )内の語を並べかえて, 英文を完成させなさい。

_____

(3) 下線部③が「訪問する前にそれらをつくらなければなりません」という意味になるように, ( )内に適切な語を書きなさい。 ( )( )

5 【和文英訳】 (8点×3=24点)

次の日本文を英語になおしなさい。指示がある場合は, したがうこと。

(1) 多くの先生が彼に日本語を教えました。

_____

(2) あのレストランで昼食を食べましょう。(Let's で始めて)

_____

(3) 私はそれが何か知りません。 〈愛媛県〉

_____

3 (4) 目的語が2つ続く文では, その順序に注意すること。 (5) 間接疑問

4 (2) decided の目的語を〈疑問詞＋主語＋動詞 ～〉で表す。 (3) 「～しなければならない」を2語で表す。

5 (2) 「～しましょう」は〈Let's ＋動詞の原形 ～〉で表す。 (3) 間接疑問

53

声に出して
例文を確認しよう

学習日　　　　月　　　日

基本チェック

■ 日本語を参考にして，（　　）内の語(句)を並べかえて英文を完成させ，音読しよう。

01 ① (am / a / student / I / high school).　　私は高校生です。

② (didn't / tennis / play / we) last Sunday.　　私たちは先週の日曜日にテニスをしませんでした。

02 ③ (of / I / glasses / have / three / juice).　　私はコップ３杯のジュースを飲みます。

④ Yuki has a dog. (dog's / is / the / name) Hachi.　　ユキはイヌを飼っています。そのイヌの名前はハチです。

⑤ (this bag / mine / not / is).　　このカバンは私のではありません。

03 ⑥ (city / many / visit / people / our).　　多くの人々が私たちの街を訪れます。

⑦ (plays / Kate / volleyball / usually) after school.　　ケイトはいつも放課後にバレーボールをします。

04 ⑧ (she / going / to / not / is) go to the gym tomorrow.　　彼女は明日ジムに行く予定はありません。

⑨ (be / I / back / will / later).　　私はあとで戻ってきます。

⑩ (were / they / sleeping) then.　　彼らはそのとき眠っていました。

05 ⑪ (you / what / are / doing)?　　あなたは何をしているのですか。

⑫ (is / that / who / girl)?　　あの少女はだれですか。

06 ⑬ (help / we / must / elderly people).　　私たちはお年寄りを手助けしなければなりません。

⑭ (speak / you / Japanese / shouldn't) in this English class.

この英語の授業で日本語を話すべきではありません。

07 ⑮ (the news / glad / hear / to / I'm).　　私はそのニュースを聞いてうれしいです。

⑯ (has / to / a lot / read / my brother / books / of).　　私の兄[弟]には読むべき本がたくさんあります。

08 ⑰ Please (tell / use / this / how / to / computer / me).　　このコンピューターの使い方を教えてください。

⑱ It is (tennis / me / fun / play / for / to).　　私にとってテニスをすることは楽しいです。

⑲ (difficult / this book / is / too / for / me / to) understand.

この本は難しすぎて私には理解できません。

09 ⑳ My hobby (watching / is / TV).　　私の趣味はテレビを見ることです。

10 ㉑ I (is / know / she / that / kind).　　私は彼女が親切だと知っています。

㉒ (by / she / bus / goes / school / to).　　彼女はバスで学校へ行きます。

11 ㉓ (Ken / older / I / than / am).　　私はケンより年上です。

㉔ (as / Emi / can / as / run / fast) Taku.　　エミはタクと同じくらい速く走れます。

12 ㉕ (there / a / junior high school / is / over there).　　あそこに中学校があります。

㉖ (a / brother / gave / CD / my / I).　　私は兄[弟]にCDをあげました。

答え

01 ① I am a high school student.

② We didn't play tennis *last Sunday*.

02 ③ I have three glasses of juice.

④ The dog's name is *Hachi*.

⑤ This bag is not mine.

03 ⑥ Many people visit our city.

⑦ Kate usually plays volleyball *after school*.

04 ⑧ She is not going to *go to the gym tomorrow*.

⑨ I will be back later.

⑩ They were sleeping *then*.

05 ⑪ What are you doing?

⑫ Who is that girl?

06 ⑬ We must help elderly people.

⑭ You shouldn't speak Japanese *in this English class*.

07 ⑮ I'm glad to hear the news.

⑯ My brother has a lot of books to read.

08 ⑰ *Please* tell me how to use this computer.

⑱ *It is* fun for me to play tennis.

⑲ This book is too difficult for me to *understand*.

09 ⑳ *My hobby* is watching TV.

10 ㉑ *I* know that she is kind.

㉒ She goes to school by bus.

11 ㉓ I am older than Ken.

㉔ Emi can run as fast as *Taku*.

12 ㉕ There is a junior high school over there.

㉖ I gave my brother a CD.

総合チェック

→ 別冊解答 p.17

1 次の文の（　　）内から最も適切なものを選び，○で囲みなさい。

(1) Did you (eat, eats, ate) breakfast?
>>> **01**

(2)(Who, Which, Whose) textbook is this?
>>> **05**

(3) We use (many, much) water every day. >>> **03**

(4)(Can, Should, Must) I sit here?
— Yes, you can. >>> **06**

(5) This is (we, our, us) school. >>> **02**

(6)(Will, Is) he come back? >>> **04**

2 次の日本文に合うように，（　　）内に適切な語を入れなさい。

(1) 彼の夢は外国に住むことです。

His dream is (　　　　) (　　　　) in a foreign country. >>> **07**

(2) 私には野球はサッカーよりおもしろいです。

Baseball is (　　　　) (　　　　) than soccer for me. >>> **11**

(3) もし今度の日曜日が晴れなら，ハイキングに行きましょう。

(　　　　) it is sunny next Sunday, let's go hiking. >>> **10**

(4) 音楽を聞くことは楽しいです。

(　　　　) to music is fun. >>> **09**

(5) ここでは電話で話さないでください。

(　　　　) (　　　　) on the phone here. >>> **12**

(6) 私はとても眠かったので，早く起きることができませんでした。

I was (　　　　) sleepy to (　　　　) up early. >>> **08**

13 受け身

重要度 ★★★

ポイント整理

例題

次の文の（　　）内から最も適切なものを選び，○で囲みなさい。

□❶ Kyoto（ am, is, are ）（ visit, visits, visited ）by many people.

□❷ These books（ was, were, did ）（ write, writing, written ）by a famous writer.

□❸（ Did, Was, Were ）this house（ built, building, build ）by your father?

□❹ That room（ isn't, wasn't, didn't ）（ use, using, used ）now.

① 受け身の基本　→❶❷

解答 ❶ is, visited　❷ were, written

受け身の文は〈be動詞＋過去分詞（＋by...）〉の形で，「（…によって）～される」「～されている」の意味を表す。主語の人称と数，現在・過去それぞれの時制に合わせて be 動詞を使い分ける。

現在の文 English **is studied** by many people.

（英語は多くの人々に学習されています。）

過去の文 That picture **was painted** by Emma.

（あの絵はエマによって描かれました。）

大切

能動態の文 Jane　made　this cake.（ジェーンがこのケーキをつくりました。）

受け身の文 This cake　was made　by Jane.（このケーキはジェーンによってつくられました。）

● 能動態［「～する」の形］の文から受け身の文への書きかえ

① 能動態の目的語→受け身の文の主語にする。

② 動詞→〈be動詞＋過去分詞〉にする。

③ 能動態の主語を by ...のあとに置く。

> 規則動詞の過去分詞は，原形の語尾に-(e)dをつける。不規則動詞の過去分詞は動詞によって異なるよ。

② 受け身の否定文・疑問文　→❸❹

解答 ❸ Was, built　❹ isn't, used

否定文は，be動詞のあとにnotを置き，過去分詞はそのまま。疑問文は，主語の前にbe動詞を出す。答えるときもbe動詞を使う。

否定文 This book **is not [isn't] written** in Japanese.

（この本は日本語で書かれていません。）

疑問文 **Is** Spanish **taught** at your school?

（あなたの学校でスペイン語は教えられていますか。）

答え方 ― **Yes**, it **is**.

（はい，教えられています。）/

No, it **is not [isn't]**.

（いいえ，教えられていません。）

> ● call を使った受け身の形
> My friends call me Pisuke.
> →I am called Pisuke by my friends.
> （私は友だちにピースケと呼ばれます。）

● 入試によく出る
　フレーズ

I will be elected prime minister in the future!
（私は将来，総理大臣に選ばれるでしょう。）

基本問題

→別冊解答 p.18

1 受け身の基本① 次の文の（　）内の語を，適切な形になおしなさい。

(1) Those pictures were (take) by my father. （　　　　　）

(2) This watch was (make) in Germany in 1950.

　　　　　　　　　　　　　　　　　　（　　　　　）

(3) English is (speak) in many countries. （　　　　　）

(4) I am (call) Akko by my friends. （　　　　　）

2 受け身の基本② 次の日本文に合うように，（　）内に適切なbe動詞を入れなさい。

(1) その車は毎週土曜日にマイクによって洗車されます。

　　The car (　　　　　) washed by Mike every Saturday.

(2) この窓はケンによって壊されました。

　　This window (　　　　　) broken by Ken.

(3) 毎日多くの木が切り倒されています。

　　Many trees (　　　　　) cut down every day.

(4) これらの箱はトムによって運ばれました。

　　These boxes (　　　　　) carried by Tom.

3 受け身の否定文・疑問文 次の文を（　）内の指示にしたがって書きかえるとき，＿＿に入る語句を書きなさい。

(1) This bag was sold in America.
（疑問文に書きかえ，Yesで答える）

＿＿＿＿＿＿＿＿＿＿＿＿＿＿＿＿＿＿＿ in America?

　　— Yes, ＿＿＿＿＿＿＿＿＿＿＿＿＿＿＿＿＿.

(2) This computer is often used.
（疑問文に書きかえ，Noで答える）

＿＿＿＿＿＿＿＿＿＿＿＿＿＿＿＿＿＿＿＿＿?

　　— No, ＿＿＿＿＿＿＿＿＿＿＿＿＿＿＿＿＿.

(3) These rooms were cleaned yesterday.（否定文に）

＿＿＿＿＿＿＿＿＿＿＿＿＿＿＿＿＿ yesterday.

📖 暗記

● by以外を使う
　受け身

・be surprised at …
（…に驚く）

・be covered with …
（…に覆われる）

・be known to …
（…に知られている）

・be made of …
（…［材料］でできている）

・be made from …
（…［原料］でできている）

※材料＝何でできているか見た目でわかる
（例 木→机）
原料＝何でできているか見た目でわからない
（例 ブドウ→ワイン）
と覚えよう。

👍 大切

● 助動詞を使った
　受け身

〈助動詞＋be＋過去分詞〉の形になる。

A new library will be built next year.
（来年新しい図書館が建てられるだろう。）

⚠ 注意

だれの動作かはっきりしないときはby …をつけない。

by … 「…によって」を含まない受け身の文を能動態に書きかえるときは, We, People, They などを主語にするとよい。

13 トレーニングテスト

1 **語形変化** (5点×3＝15点)

次の( )内の語を適切な形になおしなさい。

(1) In our next show, you are (invite) to the world of cats. 〈東京 国際高〉( )

(2) These books are really interesting. They were (write) by Natsume Soseki.

〈長崎 青雲高〉( )

(3) The song is (sing) by many children all over the world.

〈沖縄県・改〉( )

2 **適語選択** (5点×2＝10点)

次の文の( )内から最も適切なものを選び，記号を○で囲みなさい。

(1) Hiroki is (ア finished イ listened ウ changed エ loved) by everyone because he is kind and interesting. 〈徳島県〉

正答率77% (2) This machine (ア will be used イ use ウ uses エ is using) by many people in the future. 〈神奈川県〉

3 **並べかえ** (6点×3＝18点)

次の( )内の語(句)を並べかえて，英文を完成させなさい。

正答率23% (1) *Ted* : Look, Midori. That's my school. 〈高知県〉

Midori: Oh, it looks very old, Ted. Well, (it / when / built / was)?

_____

差がつく (2) *A* : How was Mt. Fuji?

B : Very beautiful. The mountain (snow / covered / was / with).

_____

正答率67% (3) *Taku*: Look at my T-shirt. It's new. 〈高知県〉

Jane : Wow, it has a nice color.

Taku: Yes. It (to me / by / given / was) my sister a week ago.

_____

HINT ─────────────────────────────────────

1 (1) 規則動詞 (2)(3) 不規則動詞

2 (2) 未来の内容を受け身で表す文。

3 (1) 〈疑問詞＋be動詞＋主語＋過去分詞 〜?〉の形になる。 (2) by以外を使う受け身の文。

(3) 〈give ... to＋人〉「(人)に…をあげる」

4 同意文完成 (6点×2=12点)

次の各組の文がほぼ同じ意味を表すように，（　）内に適切な語を入れなさい。

(1) My birthday is November 13.　　　　　　　　　　　〈東京 城北高〉

　　I (　　　　) (　　　　　) on November 13.

(2) This building is about 50 years old.

　　This building (　　　　) built about 50 years (　　　　).

5 読解 (7点×3=21点)

次の英文を読んで，あとの問いに答えなさい。　　　　　　〈京都府・改〉

　I found many interesting things about Japanese culture from the books in the library. I also enjoyed ①(learn) about Japanese food very much. And I learned about traditional food in Kyoto. ②(しばしば，それは京料理と呼ばれます). I think *Kyo-ryori* is great. There are three reasons. First, *Kyo-ryori* is very beautiful. You can enjoy looking at beautiful *Kyo-ryori* before eating it. Second, you can enjoy the original tastes the foods have. It's made without much seasoning and fat. Third, you can feel the season because seasonal foods are often ③(use) for *Kyo-ryori*.

(1) ①③の（　）内の語を適切な形になおしなさい。　① (　　　　) ③ (　　　　)

(2) 下線部②の日本文を英語になおすとき，（　）内に入る語を1語ずつ書きなさい。

　　Often, it (　　　　) (　　　　) *Kyo-ryori*.

6 和文英訳 (8点×3=24点)

次の日本文を，受け身の文を使って英語になおしなさい。

(1) このあたりではたくさんの星が見られます。

　　_____ around here.

(2) ユキは多くの子どもたちに好かれています。

　　_____

(3) メアリーはその知らせに驚きましたか。―いいえ，驚きませんでした。

　　_____

HINT

4 (1) 「私の誕生日は11月13日だ」は「私は11月13日に生まれた」と考える。
　(2) 「建物が築約50年」は「約50年前に建てられた」と考える。
5 (2) call A B「AをBと呼ぶ」の受け身。
6 (1) see–saw–seen　(3) 「…に驚く」be surprised at …

59

3年

14 現在完了形(1)

重要度 ★★★

ポイント整理

例題

次の文の(　　)内から最も適切なものを選び，○で囲みなさい。

□❶ I (meet , am meeting , have met) Mr. Smith before.

□❷ Bob has (just , still , ever) finished his homework.

① 現在完了形とは

・過去の状態や動作が現在どのような状態になっているかを表す。〈have[has] ＋過去分詞〉の形。
└──主語が3人称単数のとき

・否定文は〈主語＋ have[has] not ＋過去分詞 〜〉

・疑問文は〈Have[Has] ＋主語＋過去分詞 〜?〉
答えるときは，have[has]を使い，Yes / Noで答える。

> ● 現在完了形と過去形の違いに注意！
> 過去形は過去のことだけを述べるのに対し，現在完了形は過去の動作・状態を現在と関係づけて述べているよ。

② 現在完了形（「経験」の用法）の文 →❶

解答 ❶ have met

「(今までに)〜したことがある」の意味で，現在までの「経験」を表す。

否定文 「経験」用法の否定文では，notのかわりにneverもよく使われる。

　　Mike **has** never **eaten** sushi.（マイクは，すしを食べたことが一度もありません。）

疑問文 「経験」用法の疑問文では，ever「今までに」がよく使われる。

　　Have you ever **played** this video game?
　　（あなたは今までにこのテレビゲームをしたことがありますか。）

答え方 ― Yes, I **have**.（はい，あります。）/
　　　　No, I **haven't** [**have not**].（いいえ，ありません。）

③ 現在完了形（「完了」の用法）の文 →❷

解答 ❷ just

「(今)〜したところだ，〜してしまった」の意味で，過去に始まった動作が今「完了」したことを表す。
「完了」用法の否定文・疑問文ではyetという語がよく使われる。
yetは否定文中では「まだ」，疑問文中では「もう」の意味を表す。

否定文 I **haven't** [**have not**] **decided** yet.
　　（私はまだ決めていません。）

疑問文 **Have** you **seen** that movie yet?
　　（あなたはもう，その映画を見ましたか。）

答え方 ― Yes, I **have**.（はい，見ました。）/
　　　　No, I **haven't** [**have not**].
　　　　（いいえ，見ていません。）
「いいえ」で答えるときはNo, not yet. という表現もよく使われる。

> 大切
> 「完了」の用法で使われる
> 　副詞
> 肯定文で
> just「ちょうど」
> already「すでに，もう」
>
> 否定文・疑問文で
> yet（否定文で）「まだ」
> yet（疑問文で）「もう」
>
> just, already はふつう過去分詞のすぐ前に置くが，yet はふつう文末に置く。

基本問題

→別冊解答 p.19

1 現在完了形（経験）の文

(1) 次の日本文に合うように，（　）内に適切な語を入れなさい。

① あなたはこのコンピューターを使ったことがありますか。
（　　　　　　）you（　　　　　　）this computer?

② 私は飛行機に乗ったことが一度もありません。
I have（　　　　　　）taken an airplane.

③ トムは以前，日本語でスピーチをしたことがあります。
Tom has（　　　　　　）a speech in Japanese
（　　　　　）.

(2) 次の文の（　）内の語を並べかえて，英文を完成させなさい。

① （ you / ever / this / heard / have / song ）?

_____

② （ I / the / have / climbed / mountain ）once.

_____

③ （ never / party / I / have / a / held ）at home.

_____

2 現在完了形（完了）の文

(1) 次の日本文に合うように，（　）内に適切な語を入れなさい。

① ポールはもうホテルに到着しています。
Paul has（　　　　　　）arrived at the hotel.

② 私たちはまだ料理を終えていません。
We（　　　　　　）finished cooking（　　　　　　）.

③ もうこの部屋をそうじしましたか。
Have you cleaned this room（　　　　　　）?

(2) 次の（　）内の語を並べかえて，英文を完成させなさい。

① （ boys / have / the / here / left / yet ）?

_____

② （ have / dishes / yet / I / washing / not / finished /
the ）.

_____

③ （ started / we / clean / have / just / to ）this room
now.

_____

暗記

● 「経験」用法でよく
使われる語句

・once（一度）

・twice（二度）

・～ time(s)（～回）

・many times
（何度も）

・sometimes
（ときどき）

・often（しばしば）

参考

● 「完了」用法の文と
過去の文との違い

過去：I lost my key.
（カギを失くした）
〔今，手元にあるかどう
かは言及していない〕

現在完了：I have lost
my key.
（カギを失くしてしまっ
た）
〔今も手元にない〕

※現在完了では，その状
態が現在まで続いて
いることを意味する。

注意

● have been to の
表す意味

I have been to
Kyoto.
（京都へ行ったことがあ
る）　　　〈経験用法〉

I have just been to
Kyoto.
（ちょうど京都へ行って
きたところだ）
〈完了用法〉

---

1 **適語選択** （4点×2＝8点）

次の（　）内から最も適切なものを選び，記号を○で囲みなさい。

(1) *Takeru*：We have a lot of homework this week, don't we? 〈宮城県〉

　　Laura：I know. But I've already （ ア　did　　イ　finish　　ウ　done
　　　　　　　　　エ　been ） it.

(2) *A*：Have you （ ア　just come back to Japan?　　イ　been abroad since 2010?
　　　　　ウ　finished packing yet?　　エ　ever been abroad? ）

　　B：No. I didn't have the chance.   I hope to go to Europe someday.

---

2 **適語補充** （4点×2＝8点）

次の日本文に合うように，（　）内に適切な語を入れなさい。

(1) A：あなたはいつ年賀状を書きましたか。 〈岩手県・改〉

　　B：2週間前です。あなたはどうですか。

　　A：私はまだそれらを書き終えていません。

　　A：When did you write your New Year's cards?

　　B：Two weeks ago. How about you?

　　A：I haven't （　　　　　） writing them yet.

(2) 私はこんなに美しい庭を見たことがありません。

　　I （　　　　　）（　　　　　）（　　　　　） such a beautiful garden.

---

3 **並べかえ** （5点×2＝10点）

次の文の（　）内の語を並べかえて，英文を完成させなさい。

正答率50% (1) *A*：I'm thinking of visiting Hokkaido this month. 〈千葉県〉

　　B：Again? (times / you / how / have / many) been there?

　　_____

(2) Ken (London / left / has / for / not) yet.

　　_____

HINT _____

1 (1) I've は I have の短縮形。
　 (2) B の発言の内容から，会話の自然な流れを考える。
2 (2) 「一度も見たことがありません」という文にする。
3 (1) how と many に注目。 times「〜回」を使って，数をたずねる疑問文にする。

4 同意文完成 （7点×2＝14点）

次の各組の文がほぼ同じ意味を表すように，（　）内に適切な語を入れなさい。

(1) I haven't been abroad for so many years.

So many years (　　　　) (　　　　) since I went abroad.

(2) This is her first visit to this museum. 〈大阪星光学院高・改〉

She has never (　　　　) this museum (　　　　).

5 読解 （7点×4＝28点）

次の対話文を読んで，あとの問いに答えなさい。 〈静岡県・改〉

Kenta: I took these pictures when I climbed Mt. Fuji. It ①(become) a World Heritage Site last year. Have you ②(ア　heard　イ　been　ウ　seen　エ　done) about it?

John : Yes. Mt. Fuji is the ③(high) mountain in Japan, right? (　④　) high is it?

Kenta: It's 3,776 meters high.

(1) ①③の（　）内の語を適切な形になおしなさい。　　①（　　　　）③（　　　　）

(2) ②の（　）内から適切な語を選び，記号で答えなさい。　　　　　（　　　　）

(3) ④に適切な語を書きなさい。　　　　　　　　　　　　　　　　（　　　　）

6 和文英訳 （8点×4＝32点）

次の日本文を英語になおしなさい。

(1) 彼はすでに約20か国を訪れました。 〈山口県・改〉

_____

(2) あなたは東京タワー(Tokyo Tower)を見たことがありますか。

_____

(3) ((2)の文に答えて)はい，あります。先月東京に行ったときに見ました。

_____

(4) あなたはもうこの本を読みましたか。

_____

4 (1) 「何年も過ぎてしまった」とする。「過ぎる」pass　(2) 「今回が初めての訪問」＝「以前に一度も訪れたことがない」

5 (2) 前後の内容から動詞を選ぶ。　(3) 高さをたずねる疑問文。

6 (1) 「すでに」already　(3) 2文目は過去形で表す。

「ずっと〜である，〜している」という表現を覚えよう！

15 現在完了形(2)

重要度 ★★★

ポイント整理

例題

次の文の（　　）内から最も適切なものを選び，○で囲みなさい。

☐❶ I (know, knew, have known) Bob since he was a child.

☐❷ We (haven't, don't, aren't) (meet, met, meeting) Jane since last Saturday.

☐❸ (Does, Has, Is) Jane wanted to visit Japan for a long time?
　— Yes, she (does, has, is).

☐❹ (Do, Have, Did) you been busy since yesterday?
　— No, I (don't, haven't, didn't).

☐❺ How long have you lived in Japan? — (For, Since, In) two years.

☐❻ She has (does, doing, been doing) her homework for an hour.

---

① 現在完了形 (「継続」の用法) の基本　→❶　

解答 ❶ have known

・過去のある時点で始まった状態が現在まで「ずっと〜である，〜している」ことを表す。

・「継続」用法では〈for＋期間〉「〜の間」，〈since＋動作や状態の始点〉「〜以来」などの期間を表す表現がよく使われる。

② 現在完了形 (「継続」の用法) の否定文・疑問文　→❷❸❹

解答 ❷ haven't, met　❸ Has, has　❹ Have, haven't

否定文 Tom **hasn't [has not] lived** here since 2000.
（トムは2000年以来ここに住んでいません。）

疑問文 **Has** Tom **lived** here since 2000?
（トムは2000年以来ここに住んでいますか。）

答え方 — Yes, he **has**. （はい，住んでいます。）/
　　　No, he **hasn't [has not]**. （いいえ，住んでいません。）

③ 期間をたずねる疑問文　→❺

解答 ❺ For

期間をたずねるときは〈How long have [has]＋主語＋過去分詞 〜?〉を使う。
答えるときは〈主語＋have [has]＋過去分詞＋for [since] 〜〉や，〈For 〜〉，〈Since 〜〉を使う。

④ 現在完了進行形　→❻

解答 ❻ been doing

・「ずっと〜し続けている」の意味で，過去のある時点で始まった動作が現在も続いていることを表すときは，
〈have[has] been＋動詞の〜ing形〉を使う。

・「継続」用法の現在完了形と同じように，〈for 〜〉や〈since 〜〉などの期間を表す表現がよく使われる。

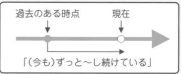

入試によく出る
フレーズ

I've known her for three years.
（私は彼女を３年間知っています。）

基本問題

→別冊解答 p.21

1 〔現在完了形（継続）の基本〕 次の日本文に合うように，（　）内に適切な語を入れなさい。

(1) 私たちは10年間ずっと友だちです。
We（　　　　　）（　　　　　）friends（　　　　　）ten years.

(2) トムは2012年からこのチームに所属しています。
Tom（　　　　　）（　　　　　）to this team（　　　　　）2012.

(3) 私は長い間，ニューヨークを訪れたいと思っています。
I（　　　　　）（　　　　　）to visit New York for a long time.

2 〔現在完了形（継続）の否定文・疑問文〕 次の文を，（　）内の指示にしたがって書きかえなさい。

(1) Mr. Brown has lived in Japan since last month.（否定文に）
_____

(2) You have wanted a smartphone since last month.
（疑問文にしてNoで答える）
_____

―【答えの文】 _____

3 〔期間をたずねる疑問文〕 次の日本文に合うように，（　）内に適切な語を入れなさい。

(1) あなたはどのくらいの間ここにいるのですか。
（　　　　　）（　　　　　）（　　　　　）you been here?

(2) （(1)の文に答えて）２時からです。
（　　　　　）two o'clock.

4 〔現在完了進行形〕 次の日本文に合うように，（　）内に適切な語を入れなさい。

(1) 彼らは朝からずっと野球を練習し続けています。
They have（　　　　　）（　　　　　）baseball since this morning.

(2) ユミは20分間サムをずっと待ち続けています。
Yumi（　　　　　）（　　　　　）（　　　　　）for Sam for twenty minutes.

参考

● 「継続」用法で使われる動詞
次のような，状態を表す動詞がよく使われる。
・know
（～を知っている）
・want（～がほしい）
・be（～である）
・like（～が好きだ）
など

注意

● 現在完了形で使わない表現
～ago（～前）
〔以下，単独で〕
last ～（この前の～），
yesterday（昨日），
then（そのとき）
※since last month
（先月以来）のように，
sinceとともになら使える。

大切

● 現在完了進行形の否定文・疑問文
【否定文】
〈主語＋have[has]
not been＋動詞の
～ing形〉
【疑問文】
〈Have[Has]＋主語＋
been＋動詞の～ing
形?〉
※応答文は現在完了形
と同じ。

1 適語選択 (5点×2＝10点)

次の（　）内から最も適切なものを選び，記号を◯で囲みなさい。

正答率
56% (1) My father has been in Tokyo (ア at　イ since　ウ in　エ for) the end of September. 〈秋田県〉

(2) Ichiro and his family (ア has been　イ are　ウ have been　エ is) in America since last year.

2 適語補充 (6点×2＝12点)

次の日本文に合うように，（　）内に適切な語を入れなさい。

(1) ジェーンは私の親友の１人です。私たちは知り合って10年になります。

Jane is one of my best friends. (　　　　) (　　　　) (　　　　) each other for ten years.

(2) A : やあ！久しぶりだね。 〈東京 巣鴨高・改〉

B : ああ，最近ずっと忙しかったんだ。

A : Hi! I haven't seen you for a long time.

B : Yeah, (　　　　) (　　　　) (　　　　) busy lately.

3 並べかえ (6点×3＝18点)

次の文の（　）内の語を並べかえて，英文を完成させなさい。

(1) 私は今朝から何も食べていません。 〈兵庫 武庫川女子大附高〉

(not / this / anything / I / since / eaten / morning / have).

_____

(2) あなたのお父さんは昨年からずっとロンドンにいるのですか。

(last / your / been / has / in / father / since / year / London)?

_____

(3) 彼は３時間ずっとテレビを見続けています。

(three / has / watching / for / he / hours / been / TV).

_____

HINT

1 (1) the end of September「9月の終わり」は過去の一時点。　(2) 主語は Ichiro and his family。

2 (1)「ずっとお互いを知っている」という文にする。

3 (1) 否定文の語順は〈主語＋have [has] not ＋過去分詞 ～〉。

(2) 疑問文の語順は〈Have [Has] ＋主語＋過去分詞 ～?〉。

4 同意文完成 （6点×3＝18点）

次の各組の文がほぼ同じ意味を表すように，（　）内に適切な語を入れなさい。

(1) My brother moved to Osaka two years ago, and he still lives there.

My brother (　　　　) (　　　　) in Osaka (　　　　) two years.

〈神奈川 湘南高・改〉

 (2) He died ten years ago. 〈千葉 市川高〉

He (　　　　) (　　　　) (　　　　) for ten years.

 (3) I haven't seen him for three years. 〈茨城県〉

It has been three years (　　　　) I saw him last time.

5 読解 （7点×3＝21点）

次の英文を読んで，あとの問いに答えなさい。 〈京都府・改〉

I took Tom to our rice field. He said, "This place is nice." I said, "①(この田んぼ
は，私が子どものころからずっと私のお気に入りの場所です). We grow rice here. But, in
the mountains, rice fields can also keep water when it's rainy. They prevent
floods by ②(do) that. Some rice fields in Japan have good *clay for *pottery, too.
Some cups and plates are ③(make) from it." （注）clay「粘土」 pottery「焼き物」

(1) 下線部①の日本語を英語になおすとき，（　）内に入る語を1語ずつ書きなさい。

This rice field has (　　　　) my favorite place (　　　　) I was a child.

(2) ②③の（　）内の語を適切な形になおしなさい。 ② (　　　　) ③ (　　　　)

6 和文英訳 （7点×3＝21点）

次の日本文を英語になおしなさい。

差がつく (1) あなたはどのくらいの間その問題を抱えていますか。

_____

(2) 彼女は生まれたときから京都に住んでいます。 〈京都産大附高〉

_____

(3) 私は先週の水曜日からずっと彼に会っていないわ。 〈東京 國學院大久我山高〉

_____

HINT

4 (2) 「10年間ずっと死んでいる」という文にする。

5 (2) ③直前にある be 動詞に注意。

6 (1) 期間をたずねる疑問文にする。「その問題を抱える」have the problem (2) 「生まれる」be born

分詞と修飾される名詞の関係に注目しよう！

16 分詞

重要度 ★★★

ポイント整理

例題

次の文の（　　）内から最も適切なものを選び，○で囲みなさい。

□❶ Do you know those (swim , swims , swimming) boys?

□❷ I don't know that boy (run , ran , running) over there.

□❸ There is a (break , broke , broken) computer on the desk.

□❹ Jane has a bag (make , made , making) in France.

① 名詞を修飾する現在分詞 →❶❷

解答 ❶ swimming ❷ running

現在分詞は〜ing の形で名詞を修飾し，「〜している」という意味を名詞に加える。
動詞の〜ing形のつくり方については，
04 進行形(p.18〜p.19)を参照。

・現在分詞のみで修飾するときは，
〈分詞＋名詞〉の語順。

・現在分詞＋語句で修飾するときは，
〈名詞＋分詞＋語句〉の語順。

Those girls chatting over there are
（主語）
my classmates.
（向こうでおしゃべりしている女の子たちは
私のクラスメートです。）

大切

〈分詞＋名詞〉 studying ＋ girl
「勉強している」　「女の子」

〈名詞＋分詞＋語句〉 girl ＋ studying English
「女の子」 「英語を勉強している」

「木の上で歌っているトリ」は
a bird singing on the tree
となるね。

② 名詞を修飾する過去分詞 →❸❹

解答 ❸ broken ❹ made

過去分詞は名詞を修飾し，「〜された，〜される」という意味を名詞に加える。
過去分詞のつくり方については，**13 受け身**(p.56〜p.57)と不規則動詞活用一覧表
(p.90〜p.91)を参照。

・過去分詞のみで修飾するときは，
〈分詞＋名詞〉の語順。

・過去分詞＋語句で修飾するときは，
〈名詞＋分詞＋語句〉の語順。

This pen made in France is easy to
（主語）
use.
（このフランスでつくられた〔＝フランス製の〕
ペンは使いやすい。）

大切

〈分詞＋名詞〉 closed ＋ window
「閉じられた」　「窓」

〈名詞＋分詞＋語句〉 window ＋ closed by Meg
「窓」 「メグによって閉じられた」

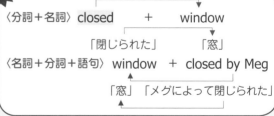

分詞が名詞を修飾するとき
の語順に注意が必要だね。

入試によく出る
フレーズ

This is a cake made by Yuki.
（これはユキによってつくられたケーキです。）

基本問題

→別冊解答 p.22

1 名詞を修飾する現在分詞

(1) 次の日本文に合うように，（　）内に適切な語を入れなさい。

① あの踊っている女の子を見てください。
Look at that（　　　　　）girl.

② 車を洗っている男の人はトムのお父さんです。
The man（　　　　　　）a car is Tom's father.

③ ドアのそばに立っている男の子はボブです。
The boy（　　　　　　）by the door is Bob.

(2) 次の文の（　）内の語（句）を並べかえて，英文を完成させなさい。

① テニスをしている女の子はエミです。
(the / girl / tennis / is / playing) Emi.

_____

② 向こうを歩いているあの男の人は田中先生です。
That (Mr. Tanaka / there / walking / man / over / is).

_____

2 名詞を修飾する過去分詞

(1) 次の日本文に合うように，（　）内に適切な語を入れなさい。

① 警察は盗まれた自転車を見つけました。
The police found a（　　　　　）bike.

② あれはアキと名づけられた女の子です。
That is a girl（　　　　　）Aki.

③ 花で覆われた丘は美しいです。
The hill（　　　　　）with flowers is beautiful.

(2) 次の文の（　）内の語を並べかえて，英文を完成させなさい。

① 彼女はパーティーに招待された客の1人です。
She is one of the (the / guests / to / party / invited).

_____

② これは中国で発見された古い絵ですか。
Is this (an / found / old / in / picture / China)?

_____

参考

● 動詞の〜ing形が使われる文

① 進行形
Tom is running in the park.
（トムは公園で走っています。）

② 動名詞
Running is fun for me.
（走ることは私にとって楽しみです。）

③ 名詞を修飾する現在分詞
That running boy is Tom.
（あの走っている少年はトムです。）

● 動詞の過去分詞が使われる文

① 受け身
The singer is known to many people.
（その歌手は多くの人々に知られています。）

② 現在完了
I have known her since 2010.
（私は2010年以来彼女を知っています。）

③ 名詞を修飾する過去分詞
That is a building known as a World Heritage Site.
（あれは世界遺産として知られている建物です。）

16 トレーニングテスト

1 適語選択 (4点×4＝16点)

次の( )内から最も適切なものを選び，記号を○で囲みなさい。

(1) In Hawaii, there is a kind of handicraft (ア call イ calls ウ called エ calling) "Hawaiian quilts." 〈大阪府〉

正答率79% (2) This is the letter (ア writing イ written ウ write エ wrote) by my father. 〈栃木県〉

(3) Don't sit on the (ア breaks イ to break ウ break エ broken) chair. It's dangerous. 〈千葉 東海大付浦安高〉

正答率45% (4) Look at the birds (ア are flying イ flying ウ were flying エ flies) in the sky. 〈神奈川県〉

2 並べかえ (5点×5＝25点)

次の文の( )内の語(句)を並べかえて，英文を完成させなさい。

(1) I watched a TV program about (people / abroad / working / Japanese). 〈鳥取県〉

_____

正答率31% (2) Did your grandfather continue to (the watch / to / him / by / use / given) his father? 〈滋賀県〉

_____

正答率63% (3) Our town has a (years / library / two / beautiful / built) ago. 〈秋田県〉

_____

正答率35% (4) A : Look. There are many people in that shop. 〈千葉県〉
B : It is famous (in / bikes / for / made / selling) France.

_____

正答率39% (5) It is one of the most (in / games / Japan / interesting / played). 〈岐阜県〉

_____

HINT

1 (1) handicraft「手芸」. Hawaiian quilts「ハワイアンキルト」 (2)「父によって書かれた手紙」
(3)「壊れたイス」 (4)「空を飛んでいる鳥」
2 (2)「彼の父によって彼に与えられた腕時計」 (3)「2年前に建てられた美しい図書館」
(4) be famous for ...「…で有名である」 (5) 最上級の文。

3 同意文完成 (7点×2＝14点)

次の各組の文がほぼ同じ意味を表すように，（　）内に適切な語を入れなさい。

(1) What languages do they speak in Switzerland?

What are the languages (　　　　　) (　　　　　) Switzerland?

(2) Some girls are talking over there.　They are my friends.

The girls (　　　　　) (　　　　　) (　　　　　) are my friends.

4 読解 (7点×3＝21点)

次の対話文を読んで，あとの問いに答えなさい。　　　　　　　　　　〈新潟県・改〉

Mr. White : Well, it was an article ①(built / buildings / about) in a hot country and Japanese *origami* art.　The art is used in the buildings.　Have you ②(read) the article?

Aya : No, I haven't.

Mr. White : In hot countries, light and heat are big problems.　(　③　) people use Japanese *origami* art to create interesting panels over the windows of the buildings.

(1) ①の（　）内の語を意味が通るように並べかえなさい。

_____

(2) ②の（　）内の語を適切な形にしなさい。　　　　　　　　　　（　　　　　）

(3) ③にあてはまる語を次の中から選び，記号で答えなさい。

ア　Because　　イ　When　　ウ　So　　エ　But　　　　　　（　　　　　）

5 和文英訳 (8点×3＝24点)

次の日本文を英語になおしなさい。

(1) お茶を飲んでいる男性は私の弟です。　　　　　　　　　　　　　〈愛媛県〉

_____

(2) 私たちは，世界中で知られている歌を歌った。　　　　　　　　　〈徳島県〉

_____

(3) 眠っているネコが見えますか。

_____

HINT

4 (1) 「暑い国で建てられた建物についての記事」 (2) 現在完了形の文。

5 (1) 「飲んでいる」 drinking (2) 「知られている」 known (3) 「眠っている」 sleeping

3年

17 関係代名詞(1)

重要度 ★★★

学習日　　月　　日

例題

次の文の（　　）内から最も適切なものを選び，○で囲みなさい。

□❶ I have a brother (who，which) lives in America.

□❷ Jack has a dog (who，which) has long ears.

□❸ Is that the bus (who，that) goes to Tokyo Station?

□❹ This is a picture of the man and his house (that，which) are related to the case.

---

① 主格の関係代名詞 who の文　→❶

解答 ❶ who

関係代名詞は，後ろに続く節とともに，前の名詞に説明を加える。関係代名詞を含む節に説明される名詞を先行詞という。

〈先行詞（名詞）＋ who ＋動詞 ～〉の形で「～する…」の意味を表す。

・関係代名詞のあとの動詞は先行詞の人称と数に対応する。

・関係代名詞 who の先行詞には「人」を表す名詞・代名詞が使われる。

大切

a sister に意味を加える

I have a sister. + She plays tennis well.

I have a sister　who plays tennis well.

先行詞　　　　　（S）（V）

関係代名詞節の中で who は主語の働き

（私にはテニスが上手な姉[妹]がいます。）

② 主格の関係代名詞 which の文　→❷

解答 ❷ which

〈先行詞（名詞）＋ which ＋動詞 ～〉の形で「～する…」の意味を表す。

・which の先行詞には「物・動物」を表す名詞・代名詞が使われる。

③ 主格の関係代名詞 that の文　→❸❹

解答 ❸ that　❹ that

〈先行詞（名詞）＋ that ＋動詞 ～〉の形で「～する…」の意味を表す。

・that の先行詞には「人」「物・動物」の両方を表す名詞・代名詞が使われる。

・that は which，who の代わりに使うことができる。

・先行詞が「人＋物（動物）」のときは，ふつう，関係代名詞は that を使う。

I saw Jane and her dog **that** were walking in the park.

（私は公園で散歩しているジェーンと彼女のイヌを見ました。）

大切

who → that：置きかえ OK！

which → that：置きかえ OK！

that → who，which

：置きかえ時には先行詞に注意。

トリが先行詞のときは which でも that でも OK ってことだよね。

Tom is a boy who studies hard.
（トムは熱心に勉強する男の子です。）

基本問題

→別冊解答 p.23

1 主格whoの文

(1) 次の日本文に合うように，（　）内に適切な語を入れなさい。

① ケイトは数学が得意な生徒です。
Kate is a student (　　　　　) is good at math.

② そこでサッカーをしている少年たちを知っていますか。
Do you know the boys (　　　　　) are playing soccer there?

(2) 次の（　）内の語を並べかえて，英文を完成させなさい。
I know a girl (play / who / the / can / well / piano).

_____

2 主格whichの文

(1) 次の日本文に合うように，（　）内に適切な語を入れなさい。

① あれは，先週開店したレストランです。
That is the restaurant (　　　　　) opened last week.

② これらはルーシーによってつくられたサンドイッチです。
These are sandwiches (　　　　　) were made by Lucy.

(2) 次の（　）内の語を並べかえて，英文を完成させなさい。
Bill's house is the one (nice / which / a / garden / has).

_____

3 主格thatの文

(1) 次の日本文に合うように，（　）内に適切な語を入れなさい。

① 私はポケットが3つあるジャケットを持っています。
I have a jacket that (　　　　　) three pockets.

② 京都で撮られた写真を見せてください。
Show me the pictures that (　　　　　) taken in Kyoto.

(2) 次の（　）内の語を並べかえて，英文を完成させなさい。
This is a machine (help / that / can / work / your).

_____

⚠ 注意

● 主格の関係代名詞thatと接続詞that

I think that the boy
　　　　　↑
　　　　先行詞がない
is Mike.
（その男の子はマイクだと思う。）
このthatはI thinkとthe boy is Mikeをつなぐ働きをする接続詞。先行詞がないことからわかる。

🔍 参考

〈先行詞＋関係代名詞節〉で，ひとまとまりになって，文中で主語・目的語・補語になる。
どこが関係代名詞節の終わりか，区切りを入れながら読むとわかりやすい。
The girl who is
running over there /
　　　　主部
is my sister.
（向こうで走っている少女は私の姉[妹]です。）

17 トレーニングテスト

1 **適語選択** (5点×2＝10点)

次の文の（　）内から最も適切なものを選び，記号を○で囲みなさい。

(1) This is a camera (ア what　イ it　ウ who　エ which) is popular in Japan. 〈神奈川県〉

(2) I saw a girl in the park (ア which　イ what　ウ where　エ who) kept running.

2 **適語補充** (5点×2＝10点)

次の日本文に合うように，（　）内に適切な語を入れなさい。

(1) 東京はとてもにぎやかでワクワクさせる街です。

Tokyo is a city (　　　　　) (　　　　　) very busy and exciting.

(2) ケンタと名づけられた少年は，サッカー選手になりました。

The boy (　　　　　) (　　　　　) named Kenta became a soccer player.

3 **並べかえ** (6点×4＝24点)

次の文の（　）内の語(句)を並べかえて，英文を完成させなさい。

(1) We will do that with (near / live / our / school / who / people). 〈兵庫県〉

_____

(2) He is (man / that / the first / visited) this store today.

_____

(3) A : What do you want to do in the future? 〈千葉県〉

B : I want to (are / who / people / in / help) trouble.

_____

(4) My father is (who / reading / loves / a person), so he often buys books.

〈岡山県・改〉

_____

1 (1) 先行詞は a camera。　(2) 先行詞は a girl。

2 (1) 「…させる」とあるので現在の文にする。　(2) 「名づけられた」とあるので受け身で表す。

3 (1) with のあとには名詞(句)が続く。near「…の近く」　(2) 「最初の人」となるように並べる。

(3) who は関係代名詞。先行詞が何かを考える。be in trouble「困っている」　(4) person「人」

4 **文の書きかえ** (6点×2＝12点)

次の文を，（　）内の指示にしたがって書きかえなさい。

 (1)　I have a friend.　He is from France.（whoを使って1つの文に）

_____

 (2)　We visited a castle.　The castle has two towers.（thatを使って1つの文に）

_____

5 **読解** ((1)5点×2，(2)10点，計20点)

次の対話文を読んで，あとの問いに答えなさい。　　　〈鹿児島県・改〉

Ken : Well, about 260 years ago, the *southern part of Gifu often *suffered from floods and a lot of people died.　Some people in Kagoshima ①(go) to Gifu and worked very hard to ②(help) people there.　So we became sister prefectures about 40 years ago.

Amy : Oh, I see.

Ken : I am proud of ③(岐阜の人々を助けたそれらの人々).　Like them, I want to work for others in the future.　　(注) southern「南の」　suffered from floods「洪水で苦しんでいた」

(1)　①②の（　）内の語を，必要ならば適切な形になおしなさい。

① (　　　　　) ② (　　　　　)

(2)　③の（　）内の日本語を英語になおしなさい。

_____

6 **和文英訳** (8点×3＝24点)

次の日本文を，関係代名詞を使って英語になおしなさい。

 (1)　料理ができる男の人は女の人にとても人気があります。　　〈愛媛・愛光高〉

_____

(2)　マイク(Mike)は昨年カナダから日本に来た高校生でした。

_____ from Canada last year.

(3)　中国語で「花」を意味する単語は何ですか。

_____

 HINT
_____

4　(1)(2)　2つの文で共通する語を見つける。

5　(1)　① この文中の他の動詞の時制に注意。　② 直前の to に注意。　(2)　関係代名詞を使って表す。「それらの」those

6　(1)　「男の人」「女の人」は複数形にする。　(3)　「中国語」Chinese，「意味する」mean

18 重要度 ★★★ 関係代名詞(2)

ポイント整理

例題

次の文の(　　)内から最も適切なものを選び，○で囲みなさい。

□❶ This is the book (who, which) Jack read.

□❷ Show me the picture (who, that) you took in Tokyo.

□❸ This is the house (my father built, was built).

① 目的格の関係代名詞 which の文　→❶

解答 ❶ which

・〈先行詞（名詞）＋ which ＋主語＋動詞 ～〉の形で「―が～する…」の意味を表す。

・先行詞には「物・動物」を表す名詞が使われる。

・which は，続く〈主語＋動詞〉の目的語の働きをする。

大切

a picture に意味を加える

This is a picture. ＋ I took it.

This is a picture　which　I took.

先行詞　　　　　　　　(O)　　(S)＋(V)

関係代名詞節の中で which は目的語の働き

（これは私が撮った写真です。）

② 目的格の関係代名詞 that の文　→❷

解答 ❷ that

・〈先行詞（名詞）＋ that ＋主語＋動詞 ～〉の形で「―が～する…」の意味を表す。

・先行詞には「人・物・動物」を表す名詞が使われる。

・that は，続く〈主語＋動詞〉の目的語の働きをする。

・that は which の代わりに使うことができる。

大切

先行詞 ＼ 格	主格	目的格
人	who, that	that
物・動物	which, that	which, that

③ 目的格の関係代名詞の省略　→❸

解答 ❸ my father built

目的格の関係代名詞は省略されることがある。ただし，省略することによって文の意味が変わることはない。

大切

This is the watch that my uncle gave me.

This is the watch ＿＿ my uncle gave me.

先行詞　　　　　省略

（これは私のおじさんが私にくれた腕時計です。）

関係代名詞の省略は〈名詞＋主語＋動詞〉の語順が目印だよ。

That is the boy I met yesterday.
（あれは私が昨日会った男の子です。）

基本問題

→別冊解答 p.25

1 目的格 which の文

(1) 次の日本文に合うように，（　）内に適切な語を入れなさい。

① これは私が料理したカレーです。
This is the curry which (　　　　　)(　　　　　).

② それは昨日あなたが買ったCDですか。
Is that the CD (　　　　　)(　　　　　)
(　　　　　) yesterday?

(2) 次の文の（　）内の語を並べかえて，英文を完成させなさい。
Show (broke / cup / you / me / the / which).

_____

2 目的格 that の文

(1) 次の日本文に合うように，（　）内に適切な語を入れなさい。

① あなたはやりたいことを何でもやるべきです。
You should do anything that (　　　　　)(　　　　　)
to do.

② 私がそこで会った人はみんなとても親切でした。
Everyone (　　　　　) I met there was very kind.

(2) 次の文の（　）内の語を並べかえて，英文を完成させなさい。
This is (that / picture / painted / I / the) when I was
young.

_____

3 目的格の関係代名詞の省略　次の文の（　）内の語を並べかえて，英
文を完成させなさい。

(1) The bag (made / Yumi / was / in / has / America).

_____

(2) Mary is the (know / we / very / girl / well).

_____

(3) The cat (is / has / cute / my / very / aunt).

_____

👍 **大切**

●**that が好まれる
先行詞**

・形容詞の最上級がつく
先行詞

・all（すべての）

・序数, the first（最初
の）, the last（最後
の）がつく先行詞

・the same（同じ）

・the only（ただ1つの）

・every ～
（あらゆる～）

・anything
（何か，何でも）

・anyone
（だれか，だれでも）

・everything
（すべてのもの）

・everyone
（すべての人）

⚠️ **注意**

主格と目的格の関係代
名詞は，あとに続く語句
で見分けることができ
る。

・〈関係代名詞＋動詞〉
→**主格**
The girl who has
　　　　　主格＋動詞
blue eyes is Emily.
（青い目をした少女はエ
ミリーです。）

・〈関係代名詞＋主語＋
動詞〉→**目的格**
The girl that I saw
　　　　　目的格＋主語＋動詞
there was Emily.
（そこで私が見かけた少
女はエミリーでした。）

---

1 **適語選択** (5点×2＝10点)

次の文の（　）内から最も適切なものを選び，記号を○で囲みなさい。

(1) The cake I（ ア　eat　イ　ate　ウ　eaten　エ　eating ）yesterday was made by my mother. 〈沖縄県・改〉

(2) This is the camera（ ア　that　イ　for　ウ　of　エ　who ）my father has used for more than twenty years.

2 **適語補充** (5点×2＝10点)

次の日本文に合うように，（　）内に適切な語を入れなさい。

(1) 彼らがテッドと呼んでいる少年はカナダ出身です。

The boy （　　　　　）（　　　　　） Ted is from Canada.

(2) これはあなたが彼女に送った手紙ですか。

Is this the letter （　　　　　）（　　　　　） to her?

3 **並べかえ** (6点×4＝24点)

次の文の（　）内の語(句)を並べかえて，英文を完成させなさい。

(1) *Ayaka* : This is (to / I / the bag / buy / want) for the trip. What do you think? 〈宮城県〉

Jack : It looks nice. You should buy it.

_____

正答率 47% (2) A : I (mother / bought / like / the watch / my) for me last year. 〈秋田県〉

B : It looks very nice.

_____

正答率 30% (3) There are (many foreign people / a lot of places / which / visit) in Kyoto. 〈栃木県〉

_____

正答率 33% (4) A : Is this (for / pen / you're / the / looking)? 〈宮崎県〉

B : Yes, it is. Thank you.

_____

HINT

1 (1) yesterday があるので，過去の文。 (2) 先行詞は the camera なので「物」。

2 (1) 「AをBと呼ぶ」call A B (2) 「送る」という意味の動詞は send。

3 (3) which は関係代名詞。

(4) 〈主語＋動詞＋前置詞〉が名詞を修飾するときは，〈名詞＋主語＋動詞＋前置詞〉の語順。

目標時間 30分 | 目標点数 80点

／100点

4 **文の書きかえ** (6点×2＝12点)

次の文を，（ ）内の指示にしたがって書きかえなさい。

 (1) This is the book. Many people read it. （thatを使って1つの文に）

_____

(2) I watched the movie yesterday. It was wonderful. （whichを使って1つの文に）

_____

5 **読解** （(1)(2)6点×2，(3)8点，計20点）

次の英文を読んで，あとの問いに答えなさい。　　　　　　　　　〈栃木県・改〉

　①(　　) I feel the breeze of summer, I always remember a lot of memories of summer vacation. I really enjoyed the summer vacations when I was an elementary school student. But ②there is one summer vacation (　　) I can't forget.

(1) 下線部①が「夏のそよ風を感じると，私はいつも夏休みのたくさんの思い出を思い出します」
　　という意味になるように，（　　）内に適切な語を入れなさい。　　　（　　　　　　）

(2) 下線部②の（　　）内に適切な関係代名詞を入れなさい。　　　　　　　（　　　　　　）

(3) (2)でできた英文を日本語になおしなさい。

_____

6 **和文英訳** (8点×3＝24点)

次の日本文を英語になおしなさい。

(1) あなたに奈良で私が撮った写真を見せましょう。　　　　　　　　　〈茨城県・改〉

_____

(2) ここから見える白い建物が病院です。

_____

(3) 彼はパーティーで私が会った唯一の日本人でした。

_____

 HINT

4 (1) it は the book を指す。　(2) It は the movie を指す。
5 (1) 「感じると」は「感じるとき」と考える。
6 (2) 「あなた（私たち）がここから見ることのできる」と考える。　(3) 「唯一の」 only

3年

19 いろいろな文(2)

重要度 ★★★

学習日　　月　　日

ポイント整理

例題

次の文の（　　）内から最も適切なものを選び，〇で囲みなさい。

- ❶ If I (am, were, be) you, I would practice harder.
- ❷ If I had a little more money now, I (can, will, could) buy the shirt.
- ❸ I wish it (be, is, were) sunny today.
- ❹ My mother often tells me (those, this, that) health is important.
- ❺ I am sure (when, and, that) John is from Canada.

① 仮定法　→❶❷❸

解答　❶ were　❷ could　❸ were

「もし〜なら，…なのに」と，現実とは異なる想定を述べるときは，仮定法過去で表す。

 ・仮定法過去は，〈If ＋主語＋(助)動詞の過去形 〜，主語＋助動詞の過去形＋動詞の原形…〉で表す。
・仮定法の文の 〈if ＋主語〉のあとに続く動詞にbe動詞を用いるときは，主語の人称や数によらず，were が好まれる。

If I were Yumi, I **would** go home right now.（私がユミだったら，今すぐ帰宅するのに。）
If I could play the piano, I **would** play a song for her.
（もし私がピアノを弾けるなら，彼女のために1曲弾くのに。）

 「〜ならなあ」と，現実とは異なる願望を述べるときは，〈I wish ＋主語＋(助)動詞の過去形 〜〉で表す。
・この文でも，I wishのあとに続く動詞にbe動詞を用いるときは，were が好まれる。

I wish it **were** Sunday today.（今日が日曜日だったらなあ。）
I wish I **could** speak English better.（もっと上手に英語を話せたらなあ。）

② 接続詞thatを使った文　→❹❺

解答　❹ that　❺ that

〈接続詞that＋主語＋動詞〜〉で「…は〜する[である]ということ」の意味を表す。

① 〈主語＋tell[showなど]＋人＋that＋主語＋動詞 〜〉で「…は〜である[する]ことを人に伝える[示す]」。
・動詞のあとに続く人が人称代名詞のときは，目的格にする。

I **told my brother that** he should go to bed early.
（私は兄[弟]に早く寝るべきだと言いました。）
This research **shows us that** many students come to school by bike.
（この研究は私たちに，多くの生徒たちが自転車で登校していることを示しています。）

② 〈be動詞＋感情を表す形容詞＋that＋主語＋動詞 〜〉で「…が〜である[する]ことに対して—である」。
・〈that＋主語＋動詞 〜〉は，その感情の原因や理由を表す。

I was **glad that** I could see Kate.
（私はケイトに会えてうれしかったです。）
I was **surprised that** Yuki said such a thing.
（ユキがそんなことを言ったので，私は驚きました。）

大切

〈be動詞 ＋ 形容詞 ＋ that 〜〉で
使われる形容詞
glad（うれしい），happy（うれしい），
surprised （驚いた），
sorry （残念に思って），
afraid （心配する），
sure （確信している）

入試によく出る
フレーズ

I wish I could speak English.
（英語が話せたらなあ。）

基本問題

→別冊解答 p.26

1 仮定法

(1) 次の日本文に合うように，（　）内に適切な語を入れなさい。

① 私があなたなら，彼らを手伝うだろうに。
　If I（　　　　　）you，I（　　　　　）help them.

② 私に時間があれば，友だちといっしょに映画を見に行けるのに。
　If I（　　　　　）time，I（　　　　）（　　　　）to see
　a movie with my friends.

③ 億万長者だったらなあ。
　I（　　　　）I（　　　　　）a millionaire.

(2) 次の日本文に合うように，（　）内の語を適切な形になおしなさい。

① もしジュディが私のクラスメートなら，私は彼女ともっと頻繁に
　話せるのに。
　If Judy ⑦(be) my classmate，I ⑦(can) talk with her
　more often.　　　　　　　　⑦＿＿＿＿＿＿　⑦＿＿＿＿＿＿

② ジャックが私の家の近くに住んでいたらなあ。
　I wish Jack (live) near my house.　　　　＿＿＿＿＿＿

③ 今日やるべき宿題がなかったらなあ。
　I wish I (have) no homework to do today.　＿＿＿＿＿＿

2 〈that＋主語＋動詞〉

(1) 次の日本文に合うように，（　）内に適切な語を入れなさい。

① 私はメグに，彼女がその仕事をするべきだと言いました。
　I（　　　　　）Meg（　　　　　）she should do the work.

② その地図は私たちに，その国が日本から遠いことを示してくれました。
　The map（　　　　　）（　　　　　）that the country is
　far from Japan.

③ マイクは，ナンシーがそこへ来ないのではないかと心配でした。
　Mike was（　　　　　）（　　　　　）Nancy won't come there.

④ きっと明日は雨だと思います。
　I'm（　　　　　）（　　　　　）it will be rainy tomorrow.

(2) 次の文を，（　）内の指示にしたがって書きかえなさい。

① We won the game. I'll tell him that.
　（ほぼ同じ意味を表す1つの文に）

　＿＿＿＿＿＿＿＿＿＿＿＿＿＿＿＿＿＿＿＿＿＿＿＿＿

② Jack was sad to know the fact.
　（thatを使ってほぼ同じ意味を表す文に）

　＿＿＿＿＿＿＿＿＿＿＿＿＿＿＿＿＿＿＿＿＿＿＿＿＿

HINT ヒント

1 (1) ①「手伝うだろう
に」は話し手の「意志」
を表すので，その意味を
もつ助動詞が必要。

📖 暗記

◗〈形容詞＋接続詞
that ～〉の表現
・〈I'm sure that＋主
語＋動詞～〉
「きっと～だと思う」
・〈I'm afraid that＋主
語＋動詞～〉
（よくないことについて）
「～ではないかと思う」

🔍 参考

◗感情の理由を表す
表現
感情を表す形容詞の原
因を表すには，以下の3
つの表現方法がある。
・〈to＋動詞の原形〉
（不定詞の副詞的用法）
・〈because＋主語＋動
詞～〉
・〈that＋主語＋動詞～〉
など

Step
1

要点をおさえる！

19
いろいろな文⑵

1 **適語選択** (5点×5＝25点)

次の文の（ ）内から最も適切なものを選び，記号を○で囲みなさい。

(1) If I knew what to do next, I (ア will　イ can　ウ shall　エ would) tell her.

(2) I'm sure (ア this　イ that　ウ these　エ those) Eri's birthday is April 21.

(3) The graph (ア sees　イ looks　ウ says　エ shows) us that the number of Japanese people is becoming smaller.

(4) If I were good at playing soccer, I (ア can be　イ were　ウ be　エ could be) a starter for the match.

(5) I (ア wish　イ hope　ウ want　エ desire) Mike were our teammate.

2 **語形変化** (5点×6＝30点)

次の日本文に合うように，（ ）内の語を必要ならば適切な形にしなさい。

(1) 私たちはそこで彼女に会って驚きました。

We were (surprise) that we saw her there. （　　　　　　）

(2) １週間が８日だったらなあ。

I wish there (be) eight days in a week. （　　　　　　）

(3) ブラウン先生は私たちにもっと頻繁に英語を使うように言いました。

Mr. Brown (tell) us that we should use English more often.

（　　　　　　）

(4) もし彼がそのホテルに滞在すれば，彼はそこですてきな夕食を楽しめるのに。

If he (stay) at the hotel, he could enjoy a wonderful dinner there.

（　　　　　　）

(5) 私は，その電車に乗れないのではないかと思います。

I (be) afraid that I cannot catch the train. （　　　　　　）

(6) もし明日雨だったら，私は家にいるつもりです。

If it (be) rainy tomorrow, I will stay at home. （　　　　　　）

1 (3) 〈人＋ that 節〉をあとに続けることができる動詞は何かを考える。

2 (1) 動詞 surprise から派生した形容詞には，surprising と surprised の２つがある。

(6) この〈if ＋主語＋動詞〉は，「明日」についての条件であることに注意。

3 並べかえ （5点×2＝10点）

次の文の（　）内の語を並べかえて，英文を完成させなさい。

⑴ (you / that / glad / my paintings / I'm / liked).

_____

⑵ (could / anything / wish / I / get / I) I want.

_____

4 読解 （7点×3＝21点）

次の対話文を読んで，あとの問いに答えなさい。

Meg : ①<u>I wish Jack were here now.</u>

Meg's mother : Meg, *what's up?

Meg : Oh, Mom. I have one thing to ask Jack, but he's not at home now. Do you know what time he'll be back?

Meg's mother : Well, ②(me / would / that / return / told / he / he) by 3 p.m. He said he would play at his friend's house.

Meg : I would call him (　③　).

Meg's mother : He's just 10 years old. He's too young to have his own cellphone.

(注) what's up? 「どうしたの？」

⑴ 下線部①の英文を日本語になおしなさい。

_____

 ⑵ ②の（　）内の語を意味が通るように並べかえなさい。

_____

⑶ ③に「もし彼が自分の携帯電話を持っていたら」という英文を書きなさい。

_____

5 和文英訳 （7点×2＝14点）

次の日本文を，（　）内の指示にしたがって英語になおしなさい。

⑴ もし私がマイク（Mike）だったら，私は彼の弟を水族館に連れて行くのに。

_____

 ⑵ 私は，アンディ（Andy）はきっとオーストラリア出身だと思います。

 差がつく

_____

HINT

4 ⑴ I wish の仮定法の文。　⑵ that があることと，he が2つあることに注意。

⑶ 仮定法の条件節を答える。「自分の携帯電話」his own cellphone

5 ⑴ 「水族館」aquarium　⑵ 「きっと〜だと思う」なので think は使わない。

声に出して
例文を確認しよう

学習日　　　　月　　　日

📍 **基本チェック**

■ 日本語を参考にして，（　　）内の語(句)を並べかえて英文を完成させ，音読しよう。

13 ① (visited / Kyoto / by / is / many) people.　　京都は多くの人によって訪れられます。

② (by / built / was / your / this / house) father?

この家はあなたのお父さんによって建てられましたか。

③ (room / used / that / isn't) now.　　あの部屋は今使われていません。

14 ④ (Mr. Smith / I / met / before / have).　　私は以前スミスさんに会ったことがあります。

⑤ (his homework / has / just / Bob / finished).　　ボブはちょうど宿題を終えたところです。

15 ⑥ (have / since / Bob / known / I) he was a child.　　私はボブを子どものときから知っています。

⑦ (met / we / since / last / haven't / Jane) Saturday.

私たちは先週の土曜日以来，ジェーンに会っていません。

⑧ (been / have / yesterday / you / busy / since)?　　あなたは昨日からずっと忙しいですか。

16 ⑨ (swimming / those / do / you / boys / know)?　　あの泳いでいる少年たちを知っていますか。

⑩ There (computer / is / a / the desk / broken / on).

机の上に壊れたコンピューターがあります。

⑪ (a bag / Jane / made / has / France / in).

ジェーンはフランスでつくられたカバンを持っています。

17 ⑫ (lives / who / in / I / America / a brother / have).

私にはアメリカに住んでいる兄[弟]がいます。

⑬ (has / a dog / Jack / ears / which / has / long).　　ジャックは長い耳をしたイヌを飼っています。

⑭ (is / that / Tokyo Station / that / to / the bus / goes)?　　あれは東京駅へ行くバスですか。

18 ⑮ (the book / read / this / which / Jack / is).　　これはジャックが読んだ本です。

⑯ (the picture / took / that / you / me / show) in Tokyo.

あなたが東京で撮った写真を見せてください。

⑰ (my / house / father / this / is / the / built).　　これは私の父が建てた家です。

19 ⑱ (you / would / were / I / I / if / ,) practice harder.

私があなたなら，もっと熱心に練習するのに。

⑲ (sure / from / that / I / is / am / John) Canada.

私は，ジョンはきっとカナダ出身だと思います。

答え

13 ① Kyoto is visited by many *people*.

② Was this house built by your *father*?

③ That room isn't used *now*.

14 ④ I have met Mr. Smith before.

⑤ Bob has just finished his homework.

15 ⑥ I have known Bob since *he was a child*.

⑦ We haven't met Jane since last *Saturday*.

⑧ Have you been busy since yesterday?

16 ⑨ Do you know those swimming boys?

⑩ *There* is a broken computer on the desk.

⑪ Jane has a bag made in France.

17 ⑫ I have a brother who lives in America.

⑬ Jack has a dog which has long ears.

⑭ Is that the bus that goes to Tokyo Station?

18 ⑮ This is the book which Jack read.

⑯ Show me the picture that you took *in Tokyo*.

⑰ This is the house my father built.

19 ⑱ If I were you, I would *practice harder*.

⑲ I am sure that John is from *Canada*.

総合チェック

→ 別冊解答 p.27

1 次の文の（　）内から最も適切なものを選び，○で囲みなさい。

(1) This piano was (make, made, making, makes) fifty years ago. >>> **13**

(2) Have you watched the movie yet? — No, I (didn't, haven't, yet, don't). >>> **14**

(3) I have a friend (who, which, when, where) has blue eyes. >>> **17**

(4) How (many, much, long, old) have you stayed in this country? — Since 2010. >>> **15**

(5) Mt. Fuji is the highest mountain (where, who, that) I've ever climbed. >>> **18**

(6) The boys (walks, walked, walking, walk) over there are my brother's friends. >>> **16**

(7) My father has a car (which, who, how, when) is the coolest in this town. >>> **17**

2 次の文の（　）内の語を，適切な形になおしなさい。

(1) I received the letter (write) by the girl. >>> **16**　（　　　　　）

(2) Mr. Brown has (know) me for more than ten years. >>> **15**　（　　　　　）

(3) Was the room (clean) yesterday? — No, it wasn't. >>> **13**　（　　　　　）

(4) That girl (dance) on the stage is my sister. >>> **16**　（　　　　　）

20 会話表現

重要度 ★★★

学習日　　月　　日

ポイント整理

例題

次の文の（　　）内から最も適切なものを選び，○で囲みなさい。

□❶ I'm sorry. —（ Excuse me. , That's all right. , Yes, you are. ）

□❷（ Do , May , Am ）I speak to Mike?

□❸ Will you tell me the（ way to , how to , get to ）the station?

□❹（ Shall , Will , Let's ）we have lunch? — Yes, let's.

① あいさつ・お礼・おわびの表現　→❶

解答 ❶ That's all right.

Nice to meet you. — Nice to meet you, too.（はじめまして。— こちらこそ，はじめまして。）

How are you? — Fine, thank you. And you?

（お元気ですか。— 元気です，ありがとう。あなたは？）

Thank you（very much）. — You're welcome.（〔どうも〕ありがとう。—どういたしまして。）

「どういたしまして」には No problem. や Not at all. の他に My pleasure. なども使うよ。

② 電話・買い物での表現　→❷

解答 ❷ May

大切 Hello. May I speak to …[人]?（もしもし，…[人]をお願いします。）

Can I take a message?（伝言をうかがいましょうか。）

May I help you? — Yes, please.

（ご用件をうけたまわりましょうか[いらっしゃいませ]。— はい，お願いします。）

I'll take this one. — Here you are.（これをいただきます。— はい，どうぞ。）

③ 道案内での表現　→❸

解答 ❸ way to

How can I get to …[場所]?（…[場所]へはどう行ったらよいですか。）

Go down this street, and turn right at the second corner.

（この通りをずっと行き，２つ目の角を右へ曲がってください。）

電話や道案内の表現は，ふろくの入試直前チェックブックにもたくさんのっているよ。

④ 依頼・勧誘・あいづちなどの表現　→❹

解答 ❹ Shall

大切 Will you ～? — Sure. / All right. / OK.（～してくれませんか。— いいですとも。）

Shall we ～? — Yes, let's.（～しませんか。— そうしましょう。）

I see.（わかりました。）/ That's too bad.（お気の毒に。）/ Of course.（もちろん。）

・依頼の表現には Will you ～? よりもていねいな Would [Could] you ～? もある。

基本問題

→別冊解答 p.28

1 (あいさつ・お礼・おわび) 次の対話文の（　）内に入る適切なものを
選び，記号を○で囲みなさい。

(1) A：Hi. I'm Kazuya. Are you a new student?
　 B：Yes, I'm Meg. （ ア　OK.　イ　Excuse me.
　　 ウ　Nice to meet you.　エ　I'm sorry. ）

(2) A：Thank you for everything, Mr. Brown.
　 B：（ ア　No, I won't.　イ　My pleasure.　ウ　I see.
　　 エ　Really? ）

2 (電話・買い物) 次の対話文が成り立つように，（　）内に適切な語
を入れなさい。

(1) A：Hello. I'm Kevin. （　　　　　　）I speak to Peter?
　 B：Hello, Kevin. It's me. What's up?

(2) A：How about this coat? This is the most popular type.
　 B：That's nice. I'll（　　　　　）it.

3 (道案内) 次の対話文が成り立つように，（　）内に適切な語を入れ
なさい。

(1) 郵便局への行き方を教えてください。
　 Please tell me （　　　　　）（　　　　　） get to the post
　 office.

(2) その店はあなたの右側に見えますよ。
　 You'll see the shop （　　　　　）（　　　　　）
　 （　　　　　）.

4 (依頼・勧誘・あいづちなど) 次の対話文の（　）内に入る適切なもの
を選び，記号を○で囲みなさい。

(1) A：Will you show me your new bike?
　 B：（ ア　Sure.　イ　Me, too.　ウ　That's too bad.
　　 エ　You are welcome. ）

(2) A：My father has been sick in bed.
　 B：（ ア　Sure.　イ　That's too bad.　ウ　Hi.
　　 エ　Yes, I will. ）

(3) A：We should think about environmental problems.
　 B：（ ア　Sorry.　イ　See you.　ウ　That's right.
　　 エ　That's too bad. ）

📖 暗記

**● その他の電話での
表現**

・Hold on, please.
（そのままお待ちくださ
い。）

・Sorry. You have
the wrong number.
（失礼ですが，番号が
違いますよ。）

**● その他の買い物
での表現**

・May I try this on?
（これを試着してもいい
ですか。）

・How about this
one?
（これはいかがですか。）

**● その他の道案内
での表現**

・I'm sorry, I don't
know. I'm a
stranger here.
（すみませんが，わかり
ません。このあたりは
よく知らないのです。）

・I'm going that way.
Come with me.
（そちらのほうへ行くと
ころです。いっしょに
行きましょう。）

**● その他のあいづち
や応答表現**

・I think so, too.
（私もそう思います。）

・Are you sure?
（確かですか。）

・Are you kidding?
（冗談でしょう？）

1 **適語選択** （5点×2＝10点）

次の（ ）内から最も適切なものを選び，記号を○で囲みなさい。

正答率61% (1) *A*：Hello, I'm Suzuki. I'd like to talk to Mr. Brown. 〈栃木県〉

      B：（ ア Speaking. How are you? イ See you again. Goodbye.

         ウ That's all. Thank you. エ Never mind. I can do it myself. ）

(2) *A*：I'm sorry I'm late.

      B：（ ア No problem. イ I hope so. ウ Of course. エ I got it. ）

      The party has just begun.

2 **適語補充** （5点×2＝10点）

次の日本文に合うように，（ ）内に適切な語を入れなさい。

(1) そのままお待ちください。 （ ）（ ）, please.

(2) 冗談でしょう？ （ ） you （ ）?

3 **並べかえ** （7点×4＝28点）

次の（ ）内の語を並べかえて，英文を完成させなさい。

(1) *A*：(go / we / shall) to the movies next Saturday?

      B：Yes, let's.

_____

(2) (wrong / you / the / have / number).

_____

差がつく (3) *A*：Hello. May I speak to John, please? 〈徳島県〉

      B：Sorry, but he isn't back yet. Shall I tell (to / him / call / you) back?

_____

(4) *A*：How about this blue jacket? 〈岩手県〉

      B：I like the color, but it's (small / for / too) me.

_____

HINT _____

1 (1) 自分あての電話の場合は「(私が)話しています」と答える。 (2) おわびの言葉への応答文。

3 (1) 「～しましょう」という文。 (2) 間違い電話への応答文。 (3) 「かけなおすように言いましょうか」

    (4) この too は「あまりに～」の意味の副詞。

4 **文の書きかえ** （6点）

次の文を，（　）内の指示にしたがって書きかえなさい。

 Could you tell me <u>how to get to the city library</u>?

（下線部分を，way を使ってほぼ同じ内容の文に）

---

5 **読解** （(1)7点×2，(2)8点，計22点）

次の対話文を読んで，あとの問いに答えなさい。　　　　　　〈北海道・改〉

　　　A : Hello. (　①　) is Tom.　Can I speak to Lisa, please?

　　　B : I'm (　②　), but she isn't here now.

　　　A : (　③　)

　　　B : Yes, she'll return home around four o'clock.

(1)　対話文が成り立つように，①，②の（　）内に適切な語を入れなさい。

　　　　　　　　　　　　　　　　　　　①（　　　　　）②（　　　　　）

(2)　（　③　）内に入る最も適切なものを選び，記号で答えなさい。　　（　　　）

　　　ア　How is she going to return home?

　　　イ　Do you think she'll leave home today?

　　　ウ　What time will she go out today?

　　　エ　Do you know what time she'll come back?

---

6 **和文英訳** （8点×3＝24点）

次の日本文を英語になおしなさい。指示がある場合は，したがうこと。

 (1)　これを試着してもいいですか。

---

(2)　何色がよろしいですか。（would を使って）

---

(3)　その通りに沿って歩き，2つ目の角を左に曲がってください。

HINT

4　the way to … で「…への行き方」を表す。

5　(1)　①「こちらは…です」　(2) B は Yes と言ったあとで帰宅時間を答えている。

6　(1)「～してもいいですか」は May I ～? か Can I ～? で表す。　(3)「～に沿って」along

不規則動詞活用一覧表

ABB型（過去形と過去分詞形が同じ形）

原形	現在形	過去形	過去分詞形	現在分詞形
bring（持ってくる）	bring(s)	brought	brought	bringing
build（建てる）	build(s)	built	built	building
buy（買う）	buy(s)	bought	bought	buying
catch（つかまえる）	catch(es)	caught	caught	catching
find（見つける）	find(s)	found	found	finding
get（得る）	get(s)	got	got, gotten	getting
have（持つ，飼う）	have, has	had	had	having
hear（聞く）	hear(s)	heard	heard	hearing
hold（手に持つ）	hold(s)	held	held	holding
keep（保つ）	keep(s)	kept	kept	keeping
leave（去る）	leave(s)	left	left	leaving
lose（失う）	lose(s)	lost	lost	losing
make（つくる）	make(s)	made	made	making
meet（会う）	meet(s)	met	met	meeting
say（言う）	say(s)	said	said	saying
sell（売る）	sell(s)	sold	sold	selling
send（送る）	send(s)	sent	sent	sending
sit（座る）	sit(s)	sat	sat	sitting
sleep（眠る）	sleep(s)	slept	slept	sleeping
stand（立つ）	stand(s)	stood	stood	standing
teach（教える）	teach(es)	taught	taught	teaching
tell（話す）	tell(s)	told	told	telling
think（思う）	think(s)	thought	thought	thinking
understand（理解する）	understand(s)	understood	understood	understanding

ABA型（原形と過去分詞形が同じ形）

原形	現在形	過去形	過去分詞形	現在分詞形
become（～になる）	become(s)	became	become	becoming
come（来る）	come(s)	came	come	coming
run（走る）	run(s)	ran	run	running

ABC型（原形・過去形・過去分詞形が3つとも違う形）

原形	現在形	過去形	過去分詞形	現在分詞形
be（〜である，いる，ある）	am, is , are	is, am—was are — were	been	being
begin（始める）	begin(s)	began	begun	beginning
break（壊す）	break(s)	broke	broken	breaking
do（する）	do, does	did	done	doing
drink（飲む）	drink(s)	drank	drunk	drinking
eat（食べる）	eat(s)	ate	eaten	eating
fall（落ちる）	fall(s)	fell	fallen	falling
forget（忘れる）	forget(s)	forgot	forgotten, forgot	forgetting
give（与える）	give(s)	gave	given	giving
go（行く）	go(es)	went	gone	going
grow（育つ）	grow(s)	grew	grown	growing
know（知る）	know(s)	knew	known	knowing
see（見る）	see(s)	saw	seen	seeing
show（見せる）	show(s)	showed	shown	showing
sing（歌う）	sing(s)	sang	sung	singing
speak（話す）	speak(s)	spoke	spoken	speaking
swim（泳ぐ）	swim(s)	swam	swum	swimming
take（取る）	take(s)	took	taken	taking
write（書く）	write(s)	wrote	written	writing

AAA型（原形・過去形・過去分詞形が3つとも同じ形）

原形	現在形	過去形	過去分詞形	現在分詞形
cut（切る）	cut(s)	cut	cut	cutting
let（〜させる）	let(s)	let	let	letting
put（置く）	put(s)	put	put	putting
read（読む）[ri:d／リード]	read(s)	read [red／レッド]	read [red／レッド]	reading
set（置く）	set(s)	set	set	setting
shut（しめる）	shut(s)	shut	shut	shutting

21 適語・適文を補充する四択問題 →別冊解答 p.29

入試攻略のカギ

適語・適文の選択では，必ず空所の前後にヒントとなる語句や文が隠れている。問われているポイントが時制なのか，不定詞や分詞なのか，受け身の文なのか，しっかり把握することが大事。

1 次の(1)〜(4)の文の（　）内に入れるのに最も適切なものを，それぞれア〜エから選びなさい。

〈神奈川県〉

(1) （　） do you have for breakfast, rice or bread?
　　ア　When　　　イ　Which　　　ウ　Why　　　エ　How　　　（　）

(2) The new library near the station （　） great.
　　ア　looks　　　イ　sees　　　ウ　gives　　　エ　takes　　　（　）

(3) She （　） cold water when she arrived at school.
　　ア　drinks　　　イ　is drinking　　　ウ　drank　　　エ　has drunk　　　（　）

(4) My grandfather lives in Osaka, and I （　） him for two months.
　　ア　don't see　　イ　was seeing　　ウ　was seen　　エ　haven't seen　　　（　）

2 次の対話文の（　）内に入れるのに最も適切なものを，それぞれア〜エから選びなさい。〈山形県〉

(1) *Woman* : Excuse me.　Could you tell me the way to the station?
　　Man　 : （　　　　　　　　　）
　　Woman : Really?　My friend said it is next to a department store.
　　Man　 : Oh, that's Sakura Station.　Go down this street and turn right at
　　　　　　　the second light.　Soon you'll find it in front of you.
　　Woman : Thank you.　Goodbye.

　　ア　Sorry, I came here yesterday.　I don't know this city.
　　イ　Let's see.　You have to change trains at that station.
　　ウ　I'm just going to the station.　Now I'll take you there.
　　エ　Which station?　There are two stations near here.　　　（　）

(2) *Dave*　 : Do you have any plans for spring vacation?
　　Kyoko : Yes.　Now I'm looking for an old people's home that I can visit.　I
　　　　　　　want to join volunteer work and help old people.
　　Dave　 : Wonderful!　（　　　　　　　　　）
　　Kyoko : Thank you.　Let's work hard together.

　　ア　Can you earn some money?　You're lucky.
　　イ　Can I help you with it?　I want to do it, too.

ウ But don't be late. You should get up early.

エ But sorry, I can't. I will be busy in spring.　　　　　　　　（　　）

3 次の(1)〜(6)までの英文を最も適切な表現にするには，（　）内のどれを用いたらよいか，それぞれ
ア〜エから選びなさい。なお，(5)と(6)は対話文である。　　　　　　　　　　　　　〈栃木県〉

(1) I don't think this question （ア　are　イ　is　ウ　do　エ　does） easy.
　　　　　　　　　　　　　　　　　　　　　　　　　　　　　　　　　　　（　　）

(2) How （ア　many　イ　much　ウ　long　エ　old） students are there in your
school?　　　　　　　　　　　　　　　　　　　　　　　　　　　　　　（　　）

(3) My sister is （ア　enough　イ　such　ウ　well　エ　too） young to drive a
car.　　　　　　　　　　　　　　　　　　　　　　　　　　　　　　　　（　　）

(4) It （ア　is　イ　was　ウ　have been　エ　has been） sunny since last week.
　　　　　　　　　　　　　　　　　　　　　　　　　　　　　　　　　　　（　　）

(5) A :（ア　What was in the amusement park?

　　　　イ　What did you do in the amusement park?

　　　　ウ　How was the amusement park?

　　　　エ　How did you go to the amusement park? ）

　　　B : It was exciting.　　　　　　　　　　　　　　　　　　　　　（　　）

(6) A : Would you like more sandwiches?

　　　B :（ア　No, thanks.　イ　That sounds good.　ウ　That's too bad.

　　　　　エ　You're welcome. ） I'm still hungry.　　　　　　　　　（　　）

4 次の(1)〜(3)は，それぞれＡとＢとの対話です。（　）内に入れるのに最も適切なものを，それぞ
れア〜エから選びなさい。　　　　　　　　　　　　　　　　　　　　　　　　　〈福島県〉

(1) 〔*After school*〕

　　　A : Does your sister work in Kyoto?

　　　B : Yes. She is a teacher. She （　　） math at high school now.

　　　　ア　teach　イ　teaching　ウ　teaches　エ　taught　　　　　（　　）

(2) 〔*In an English class*〕

　　　A : I have a question about Canada. Is the language （　　） English?

　　　B : Yes, but some people speak other languages, too.

　　　　ア　their using　　　　　　　　　　イ　using there

　　　　ウ　these used　　　　　　　　　　エ　used there　　　　　（　　）

(3) 〔*At school*〕

　　　A : I have a headache, and I feel cold.

　　　B : That's too bad. （　　）

　　　　ア　You should talk to a teacher.　イ　I'll take it.

　　　　ウ　You are in the hospital.　　　　エ　I'll go to bed early.　（　　）

22 空所補充・書きかえ問題

→別冊解答 p.31

学習日 　　　月　　　日

原級と比較級と最上級の書きかえ，過去時制と現在完了時制，不定詞の書きかえなど，典型的な書きかえのパターンを覚え，慣れることが大切。

1 次の対話文の（　　）内に入れるのに最も適切な英語を，それぞれ1語ずつ書きなさい。　〈山形県〉

(1) *Ichiro* : In Japan, we have four (　　　　　), and I like spring.

　　Dave : I like winter because I can go skiing.

(2) *Paul* : Please tell me (　　　　　) to carry this table.

　　Nanami : To the room on the third floor.

(3) *Student* : I learned a new word. If a child is a boy, he is a 'son' to his father and mother.

　　Teacher : Yes. If a child is a girl, she is a '(　　　　　)'.

2 香奈の家族は春休みに旅行を計画しており，香奈の家にホームステイしているアメリカからの留学生のキャシーもいっしょに行くことになりました。香奈が【メモ】をもとにキャシーに説明します。（　①　）～（　③　）に入れるのに適切な英語を1語ずつ書きなさい。　〈長崎県・改〉

【メモ】

		予　　定	
1日目 （金曜日）	朝	長崎 → 【飛行機】 → 大阪	⇒京都には訪れるべき有名な場所がたくさんある。
	昼	大阪 → 【電車】 → 京都 いくつかの名所を観光	
	夜	京都泊（ホテル）	
2日目 （土曜日）	朝	京都 → 【電車】 → 大阪	⇒おばは子どもたちに英語を教えている。 　彼女は，私たちに授業に参加してほしい。
	昼	大阪在住のおばを訪問	
	夜	プロ野球観戦 おばの家に宿泊	
3日目 （日曜日）	朝	大阪城散策	⇒私も大阪城には行ったことがない。
	昼	大阪 → 【飛行機】 → 長崎	

【キャシーへの説明】

　"I'll tell you about our trip. On the first day, we'll go to Osaka by plane. Then we'll move to Kyoto. There are many famous places to visit in Kyoto. We'll visit some of them. After that, we'll go to a hotel in Kyoto. Next morning we'll go back to Osaka and visit my aunt (　①　) there. She teaches English to children. She wants us to join her class. In the evening we'll watch a professional baseball game. We'll （ ② ） at my aunt's house that night. I have never （ ③ ） to Osaka Castle. So we'll visit there on Sunday morning. We'll come back to Nagasaki by plane in the afternoon."

①（　　　　　）②（　　　　　）③（　　　　　）

3 次の(1)〜(3)の英文について，（　）内に入れるのに最も適切な1語を下の語群から選んで，適切な形に変えて書きなさい。ただし，語群の各単語は1度しか使いません。また，（　）内には1語のみ書きなさい。〈沖縄県・抜粋〉

(1) The pictures （　　　　　） by him were very beautiful.

(2) I met my friend on the street and I （　　　　　） to her.

(3) My mother （　　　　　） breakfast before I go to school every morning.

語群 : speak / happy / cook / heavy / sit / fast / take

表現力▶ **4** 次の各組の英文がほぼ同じ意味になるように，それぞれの（　）内に最も適切な1語を入れなさい。〈愛媛 愛光高・抜粋〉

(1) Why don't we take a walk?

　（　　　　　） about （　　　　　） a walk?

(2) While we were staying in New York, we visited several museums.

　（　　　　　）（　　　　　） stay in New York, we visited several museums.

(3) The ice on the lake is quite thin, so children can't play on it.

　The ice on the lake is （　　　　　） thin for children （　　　　　） play on.

(4) I have decided to buy this house.

　I have made （　　　　　） my （　　　　　） to buy this house.

表現力▶ **5** 次の各組の英文がほぼ同じ意味になるように，それぞれの（　）内に最も適切な1語を入れなさい。〈長崎 青雲高〉

(1) Ms. Tanaka was our French teacher.

　Ms. Tanaka （　　　　　）（　　　　　） French.

(2) Is there any food in the basket?

　Is there anything （　　　　　）（　　　　　） in the basket?

(3) Your watch is better than mine.

　My watch is not as （　　　　　）（　　　　　）（　　　　　）.

(4) Why was she so happy?

　（　　　　　）（　　　　　） her so happy?

(5) If you leave early, you'll catch the train.

　（　　　　　）（　　　　　）, （　　　　　） you'll catch the train.

23 語い問題

→別冊解答 p.32

学習日　　　　月　　　日

入試攻略のカギ

日頃から単語を覚えるときには，必ず紙に書いて，正確なつづりを覚えること。また，turn left やYou're welcome.など，よく使われる組み合わせの表現はひとまとめにして覚えよう。

---

1 次の(1)〜(4)の英単語を，それぞれのヒントと例文を参考にして完成させなさい。ただし，英単語の□には１文字ずつ入るものとします。なお，例文の(　)内にはその英単語が入ります。〈千葉県〉

正答率 78% (1)　u□□□e

ヒント　the brother of your mother or father

例文　　I'm going to visit my (　　) next week.　　　　　(　　　　　　)

正答率 38% (2)　r□□□□t

ヒント　to say or do something again

例文　　Please (　　) the word after me.　　　　　(　　　　　　)

正答率 8% (3)　s□□□□□t

ヒント　to help someone who is having difficult time

例文　　I'll (　　) you when you have a problem.　　　　　(　　　　　　)

正答率 40% (4)　t□□□□□□d

ヒント　the number 1000

例文　　We have about one (　　) students in this school.　　　　　(　　　　　　)

2 AとBの関係がCとDの関係と同じになるように，(　)内に適切な語を１語入れなさい。

〈北海道 函館ラ・サール高〉

	A	B	C	D
(1)	care	careful	danger	(　　　　　)
(2)	two	second	three	(　　　　　)
(3)	sleep	slept	teach	(　　　　　)

思考力▶ **3** 次の各組について，①，②の英文の(　)内には，どちらにも同じつづりの英語が入ります。各組の(　)内に入る英語は何か，最も適切な語を１語ずつ書きなさい。ただし，英語はすべて小文字で書くこと。〈山形県〉

正答率 70% (1)　① My brother came back from his long trip, so I said to him, "(　　) home!"

②　When other people thank us, we usually say, "You're (　　)."

(　　　　　　　)

(2) ① The tall (　　) we saw in Osaka was one of the tallest ones there.

② My father's company is (　　) a new office next to the bookshop.

(　　　　　　　)

(3) ① Tom (　　) home very early today for Kyoto.

② Turn (　　) at the park, and you will see the city hospital on your right.

(　　　　　　　)

4 次の英文は，中学生が新しくオーストラリアから来た先生に，自分の学校生活について英語で紹介したものです。英文が完成するように，文中の①〜③の（　　）内の文字に続く，最も適切な英語を，それぞれ１語ずつ書きなさい。ただし，答えはすべて（　　）内に示されている文字で書き始めるものとします。

〈茨城県〉

> Do you know about school lunches? In Australia maybe students can choose any food they like for lunch. But in our school everyone has the ①(s　　　) meal in the classroom.   And we have a different *menu every day. Have you ever ②(e　　　) Japanese food? You can try it in a school lunch. How ③(a　　　) coming to our classroom for a school lunch with us?

(注) menu「メニュー」

① (　　　　　　)　② (　　　　　　)　③ (　　　　　　)

5 次の英文は，高校生のマサルが英語の授業で書いた作文の一部です。あとの　　　内の日本語を参考にし，英文中の㋐㋑の（　　）内にそれぞれ適切な１語を書きなさい。ただし，答えはそれぞれの（　　）内に指示された文字で書き始め，１つの＿に１文字が入るものとします。〈神奈川県〉

Last month, I went to a kindergarten to take care of children. When I sang songs, the children ㋐(b ＿ ＿ ＿ ＿) to sing together. Their smiles made me happy. These days, I often think about my future career. I like singing songs and playing the guitar, so I wanted to be a ㋑(m ＿ ＿ ＿ ＿ ＿ ＿ ＿). But now I want to work at a kindergarten to make children happy.

> 　先月，私は幼稚園へ行って子どもたちの世話をしました。私が歌を歌うと，子どもたちもいっしょに歌い始めました。その笑顔を見て私はうれしくなりました。最近，私はよく将来の職業について考えます。私は歌を歌ったりギターを弾いたりするのが好きなので，音楽家になりたいと思っていました。でも今は，幼稚園で働いて子どもたちを幸せにしたいと思っています。

㋐ (　　　　　　)

㋑ (　　　　　　)

24 整序英作文

→別冊解答 p.33

学習日　　　月　　　日

整序英作文は，意味のまとまりごとに２，３の英単語を組み合わせる。それと同時に「主語」と「動詞」と「目的語[補語]」を特定して大まかな英文をつくろう。

1（　）内の語(句)を正しく並べかえて，それぞれの対話文を完成させなさい。ただし，文頭に来る語も小文字で示してあります。　　　　〈岩手県・抜粋〉

(1)　A : May I help you?

　　B : I'm looking for a T-shirt.（ color / is / popular / which ）in this shop?

　　A : Blue is popular.

　　B : Thank you. I'll take it.

_____

(2)　A : I heard Wangari Maathai was a great person.

　　B : Yes. She was from Africa and introduced the Japanese word "*Mottainai*" to the world.

　　A : She also（ famous / it / make / more / to / tried ）in the world.

_____

2（　）内の語を正しく並べかえて，対話文を完成させなさい。　　　〈岐阜県・抜粋〉

（パーティーで）

Bill　　　: Welcome to the party. Please help yourself.

Hiroshi : Help myself?

Bill　　　: That means you can take any food you like. Do（ what / understand / you / mean / I ）?

Hiroshi : Yes, I see. Thank you.

_____

3 ( )内の語を正しく並べかえて，それぞれの対話文を完成させなさい。 〈高知県・抜粋〉

正答率 35% (1) *Ken*　　: Is this your first time to come to Kochi?

Amy　　: Yes.　So I don't know (visit / I / should / where).

Ken　　: OK.　I'll take you to some good places.

Amy　　: Oh, that will be great!

正答率 16% (2) *Peter*　　: I am so sad because I have to go back to Canada.

Sakura: I really had a good time with you.

Peter　　: Thank (helping / you / for / me) a lot, Sakura.

Sakura: You're welcome, Peter.　Please come back again.

---

4 日本文と同じ意味を表すように，( )内の語(句)を並べかえてそれぞれの対話文を完成させ，その並べかえた記号をすべて書きなさい。ただし，使用しない語が1語あります。 〈沖縄県〉

(1) あなたはだれかギターが上手な人を知っていますか。

Do you know (ア　who　イ　the guitar　ウ　which　エ　plays　オ　anyone)
well?　　　　　　　　　　　　　　　　　　　　　(　　　　　　　　)

(2) 私たちは日曜日に学校に行かなくてもよい。

We (ア　have　イ　go to　ウ　must　エ　don't　オ　to) school on
Sunday.　　　　　　　　　　　　　　　　　　　(　　　　　　　　)

(3) これは1835年にその王が建てた城です。

This is (ア　by　イ　the castle　ウ　the king　エ　built　オ　build) in
1835.　　　　　　　　　　　　　　　　　　　　(　　　　　　　　)

---

5 ( )内の語を正しく並べかえて，それぞれの対話文を完成させなさい。ただし，文頭に来る語も小文字で示してあります。 〈富山県〉

(1) *A* : (rackets / how / you / do / many) have?

B : I have three.　I bought a new one yesterday.

---

(2) *A* : Do you like soccer?

B : Yes.　Soccer (most / sport / is / the / exciting) to me.

---

(3) *A* : (ever / been / you / have / to) Tokyo?

B : No, this is my first time to visit Tokyo.

入試攻略のカギ

メモやポスターにある日本語をもとに，どんな話が展開されているのか見当をつける。イラストを見て英文を作成する問題は，難しく考えず，自分の知っている英語で簡単に表現してみよう。

1 たつやさんは，「私の夏休み」というテーマで思いつくことを日本語で書き出し，それをもとに英語で作文を書きました。次の英文の ① ～ ⑤ にそれぞれ適切な英語1語を入れなさい。

正答率 64%

〈兵庫県〉

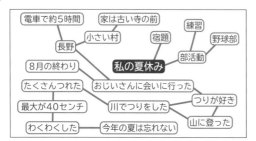

電車で約5時間　家は古い寺の前　練習
小さい村　宿題　野球部
長野　部活動
8月の終わり　**私の夏休み**
たくさんつれた　おじいさんに会いに行った　つりが好き
最大が40センチ　川でつりをした
わくわくした　今年の夏は忘れない　山に登った

At the end of August, I went to see my grandfather in Nagano. It *took about five ① by train. He lives in a small village. His house is in ② of an old temple.

He likes *fishing, so during my stay, we *climbed a ③ and fished in a ④ . He taught me how to fish and we got a lot of fish. The biggest fish I got was forty *centimeters! I was very excited and he looked happy. I will never ⑤ this summer.

(注) take「～がかかる」 fish「つりをする」 climb「登る」 centimeter(s)「センチメートル」

① (　　　　　) ② (　　　　　) ③ (　　　　　) ④ (　　　　　) ⑤ (　　　　　)

表現力▶ **2** 次のA～Cの絵は，先週の日曜日における，ケン(Ken)と彼の犬のシロ(Shiro)の一連の様子を表しています。Aの場面を表す〈最初の文〉に続けて，BとCの場面を表す英文を書くとき，(ア)，(イ)の中にそれぞれ適切な英語を書きなさい。ただし，あとの〈条件〉にしたがうこと。 〈神奈川県〉

A

〈最初の文〉
Last Sunday, Ken watched a soccer game on TV.

B　(ア)

C　(イ)

① ㋐, ㋑どちらも Ken と Shiro を必ず含んで, ㋐は 6 語以上, ㋑は 5 語以上で書くこと。

② 英文は㋐, ㋑についてそれぞれ 1 文で書くこと。 1 文は大文字で書き始め, 文末は「.」「?」「!」のいずれかの符号で終わること。

＊短縮形(I'm や don't など)は 1 語と数え, 符号は語数に含めません。

正答率21% ㋐ _____

正答率35% ㋑ _____

3 中学 2 年生のけいこさんは, 校内に掲示されているポスターを見ながら, ALT(外国語指導助手)のスミス先生と話をしています。下線部①〜④について, それぞれあとのア〜カの語(句)を並べかえて( )内に入れ, 会話文を完成させ, (A)〜(H)に入る語(句)の記号を書きなさい。〈兵庫県〉

数学・理科好きの中学生　集まれ！
数学・理科甲子園ジュニア
県内の中学生が, 数学・理科における競技で科学の知識やその活用力を競い合います。
■期日　○月△日
■会場　□□大学▽▽キャンパス
■日程　午前：予選(筆記競技)　　　午後：決勝(実技競技)
■競技方法　チーム対抗戦　　1 チーム 3 名で問題に挑みます。

Mr. Smith : Hi, Keiko.　What are you looking at?

Keiko 　　 : Hi, Mr. Smith.　It's about a science and math *contest.　My teacher ①(　)(A)(　)(　)(B)(　) knows I like science.　I think I will *enter the contest.

Mr. Smith : Will you tell me more about the contest?

Keiko 　　 : Sure.　Junior high school students ②(　)(C)(　)(　)(D)(　).

Mr. Smith : Oh, really?　If you like science, you should try.

Keiko 　　 : Yes.　To enter the contest, I have to make a team of three students.　The questions ③(　)(E)(　)(　)(F)(　).

Mr. Smith : That means you can help each other.　How will you ④(　)(G)(　)(　)(H)(　)?

Keiko 　　 : Well, I will ask some of my friends.　I think Misaki and Shota will go with me.

Mr. Smith : *Do your best!

(注) contest「大会」　enter「申し込む」　do one's best「全力を尽くす」

① ア he　イ me　ウ to　　エ try　　オ told　　カ because
② ア in　イ who　ウ are　エ join　オ interested　カ science and math
③ ア a　イ be　ウ as　エ must　オ team　カ answered
④ ア to　イ you　ウ find　エ help　オ other　カ students

①　A (　) B (　)　②　C (　) D (　)
③　E (　) F (　)　④　G (　) H (　)

26 手紙・メール

→別冊解答 p.35

学習日　　　　月　　　日

入試攻略のカギ

手紙やメールでは，書かれている内容が過去の出来事なのか，それともこれからのこと（未来）を話しているのかを読み取り，動詞の形を時制に応じて書く習慣をつけよう。

1 あなたは，あなたの両親と留学生のジョシュア（Joshua）といっしょに京都へ旅行する予定である。ジョシュアに，旅行についてメールで伝えることにした。次のメモの内容を伝えるために⑴～⑶に英語を書き，メールを完成させなさい。ただし，（　　）を含む文がいずれも1文になるようにすること。〈佐賀県〉

メモ	・私たちは佐賀（Saga）から京都（Kyoto）へ電車で行く。
	・京都には古いお寺がたくさんある。　　・清水寺（Kiyomizu-dera Temple）に行く。
	・多くの人が清水寺を訪れる。　　・清水寺は日本で最も有名な寺だと思う。

電子メール

To Joshua,

Hi. I can't wait to travel with you. We (　⑴　).

(　⑵　) in Kyoto. We will visit Kiyomizu-dera Temple.

Many people visit Kiyomizu-dera Temple. I think (　⑶　).

If you want to know more, please ask me.

See you.

⑴ _____

⑵ _____

⑶ _____

2 次のメモは，良江（Yoshie）がアダム（Adam）に電子メールを送るために書いたもので，電子メールは，そのメモの内容を良江の孫の武史（Takeshi）が英語になおしたものです。英文中の（　①　）～（　⑤　）内に入る最も適切な英語を1語ずつ書きなさい。〔アダムは，武史の家に昨年ホームステイをしていたカナダの中学生で，良江に誕生日カードを送ってくれた〕〈長崎県・改〉

メモ	武史へ　アダムに電子メールを送ってください。
	（内容）○カードをありがとう。　　○私の誕生日を覚えていてくれてうれしいです。
	○日本を出発する前に，私のつくった日本食が好きだと言っていましたね。
	○チャンポンが大好物だったから，今度つくり方を教えます。
	○あなたの家族のためにチャンポンをつくってほしいです。

電子メール

Hi, Adam.

Thank you（　①　）your card.　I'm glad you remembered my（　②　）.
Before leaving Japan, you said you liked the Japanese food I cooked.　*Champon
was your（　③　）food.　So, I'll tell you（　④　）to make it next time.　I want
（　⑤　）to make *champon* for your family.

I hope to see you again.

Yoshie

① (　　　　　) ② (　　　　　) ③ (　　　　　) ④ (　　　　　) ⑤ (　　　　　)

表現力▶ 3 下の絵は，Suzuki 先生の英語の授業の一場面です。あなたがこの学級の生徒なら，Suzuki 先生の話を聞いて，手紙の□□□の部分にどのようなことを書きますか。内容を自由に想像して，40語程度の英語で書きなさい。ただし，英文の数はいくつでもよく，符号(, . ! など)は語数に含めません。　　　　　〈群馬県〉

You know that Mr. Smith, our ALT, will finish working and go back to Canada next week.　Today I want you to write a *thank-you letter to Mr. Smith.　Please *include these two things in your letter.

・*What did you enjoy in his classes?*
・*How do you want to use English in the future?*

（注）thank-you letter「お礼の手紙」 include ...「…を含める」

Dear Mr. Smith,
　Thank you very much for teaching us this year.

_____
_____
_____
_____

Thank you.　See you again.
　（あなたの名前）

Step
2

総合力をつける！

26
手紙・メール

27 イラストの内容に合う文・会話を書く問題 →別冊解答 p.36

入試攻略のカギ

イラストの内容に合う文や会話文を書く問題は，疑問文に対する答えをつくるか，応答文を見て，もとの疑問文をつくることが多い。まず前後の英語を見て，どちらの問いなのかを見極めよう。

1 宿題をしているジュン(Jun)に帰宅したばかりの母親が話しかけています。1.～4.の会話の流れに合うように，絵の中の①，②の(　)内に入る英文を，それぞれ3語以上の1文で書きなさい。〈長崎県〉

1. (　①　)?

2. No, I haven't finished it yet. It's very difficult.

3. Then let's *have a break. I bought some cake. (　②　)?

4. Tea, please. Thank you.

（注）have a break「ひと休みする」

①　_____

②　_____

2 休日に，家の外にいたジャック(Jack)と弟のサム(Sam)と犬のロッキー(Rocky)のところへ，お父さん(Dad)がやってきました。この場面で，お父さんの言葉に対してジャックは何と答えるとあなたは思いますか。その言葉を英語で書きなさい。ただし，語の数は20語程度(.，?！などの符号は語数に含まない)とすること。〈千葉県〉

Help me, Jack.

表現力▶ **3** 次の４枚の絵において，①〜⑥の順序で会話が成り立つように，ア，イの(　)内に適切な英語を書きなさい。それぞれ単語は６語以上使用し，２文以上になってもかまいません。　〈佐賀県〉

(ア) _____

(イ) _____

28 自分の意見（賛成・反対）を述べる問題

→別冊解答 p.37

入試攻略のカギ

ある事柄についてどう思っているのか日頃から考えるくせをつけよう。ただし，ここでは自分の主張を表現するために複雑な英文を考えるよりも，正しい英文を書くことを優先させよう。

1 英語の授業で，「中学生の読書時間」について話し合いました。先生が，「１日あたり，どのくらいの時間読書をするか」という全国の中学３年生を対象にした調査の結果を見せてくれました。１日あたりの読書時間が30分未満の生徒は，約70％いました。〈富山県〉

　　ALTのライアン（Ryan）先生は

"I think junior high school students should read books for more than 30 minutes every day."

と言っています。

　　中学生の読書時間についてのライアン先生の意見に対して何と言いますか。

　① あなたの意見と　② そう思う理由を，それぞれ１文ずつ英語で書きなさい。

① _____

② _____

2 次の考えに対するあなたの意見を，下の【指示】にしたがって，英語で書きなさい。〈佐賀県〉

All junior high school students should do volunteer work.

【指示】　最初に，「I think so.」か「I don't think so.」のどちらかを書き，そのあとに10語以上の単語を使って，その理由を述べる英文を書くこと。あとに続く英文は２つ以上になってもかまいません。

_____

_____

_____

3 次の意見に対して，あなたはどのように思いますか。あなたの考えを，賛成か反対かを明らかにする１文を含めて，４文以上の英文で書きなさい。　〈高知県〉

Watching TV is good.

部分点　正答率 67%

_____

_____

_____

_____

表現力▶ 4 あなたは英語の授業で，身近なテーマについて自分の意見を英語で発表します。

次のテーマについて，「賛成」か「反対」の立場を決めなさい。そして，その立場に基づいた自分の考えや，その立場にした理由を，あとの【指示】にしたがって英語で書きなさい。

（ただし，「賛成」「反対」のどちらの立場を選んでも，そのこと自体は採点に関係ありません）

〈山形県・改〉

テーマ

We should sleep longer than seven hours every night.

【指示】

・４文以上の英文で，まとまりのある内容になるように書くこと。テーマに含まれている語は使ってよい。

・「can」または「will」のいずれか１語を使用すること。ただし，両方の語を使用してもよい。また，これらの語を必要に応じて適切な形に変えてかまわない。

_____

_____

_____

_____

29 自分の意見を述べる問題（自由英作・条件つき）

→別冊解答 p.39

学習日　　　　月　　　日

入試攻略のカギ

まず自分の意見とその理由をはっきりと述べる。そのあとに，理由を具体例などを交えながらくわしく説明することで，読み手に自分の意見をわかってもらう工夫をしよう。

思考力▶ 1 あなたは英語の授業で将来の夢（または，なりたい職業）について，発表することになりました。あなたの将来の夢（または，なりたい職業）について，英語6語以上，10語以内の1文で書きなさい。なお，記入例にならい，符号（, . ? ! など）はその前の語の後ろにつけて書き，語数には含まないものとします。 〈茨城県〉

記入例

Are	you	Ms.	Brown?
No,	I'm	not.	

_____　_____　_____　_____　_____

_____　_____　_____　_____　_____

表現力▶ 2 あなたの好きな季節はいつですか。その理由を含めて3文以上の英語で書きなさい。 〈栃木県〉

完答 正答率 13%　　中間点 正答率 87%

_____

_____

_____

思考力 **3** ヒカリ（Hikari）さんのクラスでは，「中学校生活で楽しかったこと」という題で，英語のスピーチをすることになりました。ヒカリさんになったつもりで，下の"Hi everyone."に続けて，□□□□□の中に，スピーチの原稿を5行以内の英文で書きなさい。〈新潟県〉

正答率 30%

Hi everyone.

_____

_____

_____

_____

表現力 **4** 次の【条件】にしたがい，春休みにあなたがしたいことについて，自分の考えや気持ちなどを含め，まとまった内容の文章を5文以上の英文で書きなさい。ただし，【条件】に示した英語は必要に応じて適切な形に変えなさい。〈埼玉県〉

【条件】

① 1文目はbe going toという語句を使い，「春休みについて話します」という文を書きなさい。
② 2文目はwantという語を使い，自分がしたいことを書きなさい。
③ 3文目以降は，なぜそのようにしたいのかが伝わるように書きなさい。

完答 正答率 10%　　部分点 正答率 72%

_____

_____

_____

_____

_____

30 対話文 (1)

→別冊解答 p.40

学習日　　　月　　　日

入試攻略のカギ

質問とその典型的な答え方のパターンを覚えておこう。また，だれとだれの会話で，それは男の子なのか女の子なのかなど登場人物の特徴をつかみ，どこで話されている会話なのか場所を想像しながら読んでみよう。

1 次の(1)～(4)の対話について，□□□□内に入る最も適切なものを，それぞれア～エから選びなさい。　　　　　　　　　　　　　　　　　　　　　　　　　　　〈北海道〉

(1)　A : Where are you from?

　　B : □□□□□

　　A : Oh, I want to visit the country.

　　　ア　I go to school.　　　　イ　I have a brother.

　　　ウ　I'm happy.　　　　　　エ　I'm from Australia.　　　　　　（　　）

(2)　A : You look very happy today.

　　B : □□□□□

　　A : That's great.

　　　ア　I didn't sleep well last night.

　　　イ　I feel a little tired now.

　　　ウ　I saw my favorite musician at the station.

　　　エ　I can't find my bag.　　　　　　　　　　　　　　　　（　　）

(3)　A : Did you go to see the basketball game yesterday?

　　B : Yes. □□□□□

　　A : No, I didn't. But I heard it was so exciting.

　　　ア　How was it?　　　　　イ　How about you?

　　　ウ　What did you see?　　エ　Why did you see it?　　　　　（　　）

(4)　A : Would you like to have more salad?

　　B : No. □□□□□

　　A : Here's some apple juice.

　　B : Thank you.

　　　ア　I don't want to drink anything.

　　　イ　I'm very hungry.

　　　ウ　I'd like to eat more.

　　　エ　I'd like something to drink.　　　　　　　　　　　　（　　）

2 次の会話の ▢▢▢ 内に入れるのに最も適切なものを，ア～エから選びなさい。 〈岐阜県〉

正答率 58%

Mika : Are you busy this Saturday, Judy?   If you are free, shall we go to see a movie?   I hear the movie "The Lucky Old Bridge" is fun.

Judy : I'd love to.   But I have to go to the library in the morning.   ▢▢▢

Mika : Sure.   The movie will start at one o'clock in the afternoon.   Don't be late.

Judy : All right, Mika.

　　ア　Is it OK to go to see the movie after that?

　　イ　Do you want me to go to see the movie this evening?

　　ウ　Shall I tell you the way to the library?

　　エ　Would you like to go to see the movie without me?　　　　　　（　　　）

3 次は，Akikoと留学生のKevinとの対話である。下の①，②の英文が入る最も適切な場所を，それぞれ対話文中のア～エから選びなさい。 〈鹿児島県〉

　　　　①Anything else?　　②Will you join us?

Akiko : Kevin, we're going to have Hiroshi's birthday party next Sunday.
　　　　（　　ア　　）

Kevin : Yes, I'd love to.（　　イ　　）

Akiko : Great.   We're going to make a birthday card for him at school tomorrow.   We will put our pictures on the card.（　　ウ　　）

Kevin : Sounds nice.   Should I bring my picture?

Akiko : Yes, please.

Kevin : All right.（　　エ　　）

Akiko : No, thank you.   Let's write messages for him.   See you then.　　①（　　）

Kevin : See you.　　②（　　）

4 次の(1)と(2)の英文は，ある場面での会話文です。会話全体の意味が自然に通じるように①～④を並べかえたとき，正しいものをそれぞれア～エから選びなさい。 〈沖縄県・抜粋〉

(1)　（清掃時間の生徒同士の会話）

　　①　Can you clean the blackboard?   I'm too short to clean the top.

　　②　OK.   I'll do this.

　　③　Thanks.   Then I will move the desks.

　　④　It's cleaning time now.

　　　　ア　①④②③　　イ　①③②④　　ウ　④①②③　　エ　④③②①　　　　（　　　）

(2)　（沖縄に観光で来た外国人と中学生の会話）

　　①　Okinawa!   The food is good and the people are so nice!

　　②　Hello.   Is this your first time in Japan?

　　③　Yes.   I went to Tokyo and then came to Okinawa.

　　④　Which do you like better, Tokyo or Okinawa?

　　　　ア　②③④①　　イ　②①③④　　ウ　④③②①　　エ　④①③②　　　　（　　　）

31 対話文 (2)

→別冊解答 p.41

学習日　　　月　　　日

入試攻略のカギ

図表を確認しながら対話文を読み進めていこう。1つ1つていねいに読んでいけば，答えは必ず図表の中にあるので焦らず慎重に。

1 留学生のCathyと高校生のSayuriは，伝統工芸フェアが開催されるサクラ公園に行くために，地下鉄の駅の出入口の近くで，地図を見ながら話をしている。　(A)　および　(B)　の中に，それぞれ入る単語・語句の組み合わせとして正しいものは，次のア～エのうちではどれですか。次の図は，2人が見ている地図の一部であり，地図中の◆印は地下鉄の駅の出入口，☆印は2人が話をしている場所，■印は信号機のある交差点を示している。

〈東京都〉

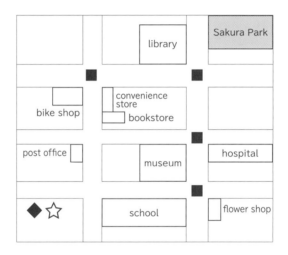

Cathy : What is the best way to get to Sakura Park, Sayuri?

Sayuri: Now we are here.　And we'll buy some food for our lunch before we get there.

Cathy : Let's stop at the convenience store.

Sayuri: Next to the bookstore?

Cathy : Yes.

Sayuri: We'll go along this street to the 　(A)　 and turn left there.

Cathy : Then we'll turn right at the convenience store after we buy some food there.

Sayuri: Yes.　Then we'll walk to the next *traffic light and turn 　(B)　 at that corner.

Cathy : Yes.　Let's go.

（注）traffic light「信号機」

ア （A） flower shop （B） right イ （A） school （B） right

ウ （A） school （B） left エ （A） flower shop （B） left （　）

2 次の表は，中学生の浩（Hiroshi）さんの学級の時間割である。また，英文は，カナダから国際交流で浩さんの学校を訪れているスティーブ（Steve）さんと浩さんが，この時間割を見ながら交わしている対話の一部である。これらについて，(1)，(2)に答えなさい。　〈徳島県〉

	月曜日	火曜日	水曜日	木曜日	金曜日
1	国語	社会	数学	理科	英語
2	保健体育	英語	理科	国語	数学
3	数学	保健体育	社会	社会	音楽
4	技術・家庭	理科	英語	道徳	社会
5	英語	数学	国語	保健体育	総合的な学習の時間
6	理科	学級活動	美術		

Hiroshi : What's your favorite subject?

Steve : Physical Education.　I like sports very much.

Hiroshi : I like P.E., too.　We practice *kendo* now.

Steve : Oh, really?　I've never done *kendo*.　I want to try it.　When do you have P.E. classes?

Hiroshi : We have three P.E. classes in a week.　We will have it in the afternoon tomorrow. Our P.E. teacher is a great *kendo* player.　Let's do it together.

Steve : That will be fine.

Hiroshi : And I like English the best.　We have a special English class today.

Steve : Good.

Hiroshi : We are going to tell you about Japanese culture in English.

Steve : Wow!　<u>I'm glad to hear that.</u>

Hiroshi : After that, we will have lunch time for fifty minutes.

Steve : What will you study after lunch today?

Hiroshi : Japanese and art.　I will show you our club activities after school.

Steve : Great!　I can't wait.

(1) 次の(a)，(b)の問いに対する答えを，それぞれ（　）内に示された語数の英語で書きなさい。ただし，符号は語数に含めない。

　(a) What day is it tomorrow? （2語）　＿＿＿＿＿＿＿　＿＿＿＿＿＿＿

　(b) Which subject does Hiroshi like better, P.E. or English? （4語）

　　　　　　　　　＿＿＿＿＿＿＿　＿＿＿＿＿＿＿　＿＿＿＿＿＿＿　＿＿＿＿＿＿＿

(2) スティーブさんは，下線部のように言っているが，何を聞いてうれしいのか，日本語で書きなさい。

32 物語文・エッセイ

→別冊解答 p.42

学習日　　　月　　　日

 入試攻略のカギ

代名詞が何，またはだれを指しているのかに気をつけながら読もう。また現在の出来事なのか過去なのか，あるいは未来なのか，時制を意識しながら内容を把握しよう。

1 次の英文を読んで，あとの問いに答えなさい。　　　　　　　　　〈鹿児島県〉

　　　Last summer, Kenta joined an *international exchange *program in America. Students from many countries joined, too.　They talked with each other in English, but he couldn't enjoy speaking it.　He worried about making mistakes.

　　　During the program, the students were going to have a party and talk about
5　their own cultures.　Kenta thought, "I cannot speak English well.　What should I do?"

　　　He went to his teacher in the program.　The teacher said, "You are afraid of making mistakes, right?　You don't have to speak perfect English.　You should just try."

10　　At the party, the students began to talk about their cultures *one by one. Then Kenta's *turn came.　He was afraid of making mistakes.　So first, he began to draw his favorite *anime *character.　Then he slowly talked about it. He made some mistakes.　But many students were interested in his speech and asked him a lot of questions.　He talked a lot with them and had a good time.

15　　Now, Kenta is not afraid of making mistakes and really enjoys speaking English.

　　　　　　　　　（注）international exchange「国際交流」　program「事業」　one by one「1人ずつ」
　　　　　　　　　　　　turn「順番」　anime「日本のアニメ」　character「登場人物」

正答率61% (1)　本文の内容に合うものを，ア～エから1つ選び，記号で答えなさい。

　　ア　Before the party, Kenta thought that he could speak perfect English.

　　イ　Before the party, Kenta asked the teacher about an anime.

　　ウ　At the party, Kenta watched an anime with his friends.

　　エ　At the party, Kenta spoke about an anime character he liked.　　　（　　）

正答率50% (2)　本文の表題として最も適切なものを，ア～エから1つ選び，記号で答えなさい。

　　ア　Something Kenta Learned in a Program

　　イ　A Good Friend Kenta Met in a Program

　　ウ　An Anime Character Kenta Performed in a Program

　　エ　The Country Kenta Visited in a Program　　　　　　　　　　　　（　　）

One morning, a young man was driving and saw an old man and his wife having car *trouble. The car only had a *flat tire, but for the old people, this was a big problem. The young man stopped his car to help them.

After he changed the flat tire, the old man and his wife tried to give some money to the young man but he didn't take ①it. He said, "I don't want any ⁵ money. This is not a job to me. I'm just helping someone in need." He told them, "Please help someone in need someday." They thanked him and asked his name. The young man answered, "I'm *Bryan Anderson."

| ② |

*As soon as they got to the hospital, the young woman had the baby. Thanks to their help, the woman and the baby were *safe. Then, the woman was tired ¹⁰ and went to sleep. The old man and his wife smiled at her and left the room.

When the woman *woke up, her husband was there, and they smiled at *each other. She told him about the old *couple, and he was sorry that he couldn't meet and thank them. Then he found a letter on her bed. It said:

> *Congratulations! Your baby is very cute. This morning we were helped by a kind young man and now we're glad we could help you.
>
> | ③ | .
>
> We hope you will continue this chain of love.

The young man looked surprised, so his wife asked, "What's the matter, Bryan?" ¹⁵

(注) trouble「故障」 flat tire「パンクしたタイヤ」 Bryan Anderson「ブライアン・アンダーソン（男性の名前）」 as soon as「～するとすぐに」 safe「無事な」 woke up：wake up（目を覚ます）の過去形 each other「お互い」 couple「夫婦」 Congratulations!「おめでとう」

(1) 文中の下線部①itが指しているものを日本語で書きなさい。 （　　　　　　　　　　　　）

(2) 次の**ア～ウ**は，いずれも文中の ② 内に入る英語です。**ア～ウ**を，意味が通るように最も適切な順に並べかえ，その記号を書きなさい。

　ア She looked very sick, and they saw that she was going to have a baby soon.

　イ When they were driving home, they saw a young woman sitting by the road.

　ウ So they decided to take her to the hospital. （　　→　　→　　）

(3) 文中の ③ 内に入る最も適切な英語を，本文中から6語でそのまま抜き出して書きなさい。

_____　_____　_____　_____　_____　_____

33 説明文

→別冊解答 p.43

学習日　　　月　　　日

長い説明文は，段落ごとに内容を整理しながら読もう。筆者がいちばん言いたいこと（長文のテーマ）をつかむために，最初から一貫して言われていることは何なのかを考えてみよう。

1 次の英文を読んで，本文中の（　A　），（　B　）に入る最も適切な語を，それぞれ次のア～エから１つずつ選び，その記号を書きなさい。　〈千葉県〉

　　We *blink about 15,000 times in a day. Each blink is only 0.3 *seconds long. It means that we (　　A　　) our eyes for 75 minutes each day when we are *awake. Most of us blink about 15 times in a minute, but we don't blink so often when we are *concentrating. For example, we usually blink about 15 times in a
5　minute when we are talking with our friends, but when we are reading a book, we blink about (　　B　　) times in a minute. So, maybe you are not blinking so much right now because you are concentrating on reading this.

　　（注）blink「まばたきする，まばたき」 second「秒」 awake「起きている」 concentrate「集中する」

A　ア catch　　イ close　　ウ open　　エ show
B　ア 10　　　イ 20　　　ウ 30　　　エ 40　　　（A）（　　）（B）（　　）

2 次の英文を読んで，あとの問いに答えなさい。　〈岡山県・改〉

　　*The Olympics were *held in Tokyo in 1964. A few years before the Olympics, Japan had a big problem. It was a problem of communication. Many foreign people did not visit Japan, and we had only Japanese *signs. Japanese people *at that time had to think of easy signs for foreign people. Mr. Masaru
5　Katsumi, a *leader of a design team for the Olympics, had a great idea. He thought that it was easy for everyone to understand pictures. He wanted to make picture signs. These signs are called *pictograms and are used in many places now.

Picture 1

Picture 2

Picture 3

　　Look at these pictures. Picture 1 shows a toilet. Picture 2 shows a
10　restaurant. Picture 3 shows a shower. Foreign people can easily understand what each picture shows. They look very *simple, but the *designers worked very hard to make pictograms which everyone could understand without any

trouble. When they started to make them, one of the difficult pictograms was a shower. Many Japanese people didn't know about showers at that time and didn't have one at home. One *officer had to explain how to use it with a *photo of a shower, but the officer didn't have a shower at his home. The designer made the pictogram through the officer's words.

With a lot of trouble and hard work, twelve designers needed three months and made pictograms for the Olympics. When the last pictogram was finished, Mr. Katsumi said to all the designers, "You did a great job, but this work was not for us. We did it for all Japanese people. (ア)Please write your names on this paper." The paper said that they'd like to give up the *copyright to the pictograms. They wrote their names on the paper. They gave up the copyright. One of the designers said, "Mr. Katsumi hopes that many people in many places will use the pictograms in the future. Money from the copyright is not important to Mr. Katsumi. He *is proud that he is one of the members who worked for the Tokyo Olympics."

(注) the Olympics「国際オリンピック大会」 held：hold（〜を開催する）の過去分詞形 sign「標識」 at that time「当時は」 leader「責任者」 pictogram「ピクトグラム（絵文字）」 simple「単純な」 designer「デザイナー」 officer「役人」 photo「写真」 copyright「著作権」 be proud that〜「〜を誇りに思う」

(1) 下線部(ア)のことをKatsumiさんがデザイナーたちに頼んだのは，ピクトグラムが将来どのようなものになればよいと思ったからですか。英文の内容をもとに日本語で答えなさい。

_____

(2) 英文の内容と合っているものを①〜⑤から選び，当てはまるものの番号をすべて答えなさい。

① Many different languages were written on signs in Japan before 1964.

② Many Japanese people often used a shower at home before 1964.

③ The designers worked hard to make pictograms for the Olympics for three months.

④ The designers did not give up the copyright of the pictograms.

⑤ The pictograms look simple, but making them was not easy.

(　　　　　　　)

(3) この英文の題として最も適切なものを①〜④から選び，番号で答えなさい。

① When did Japanese people learn how to use a shower?

② How did the designers get money from the pictograms?

③ Why did Japanese people use English on many signs?

④ How were the pictograms for the Olympics in Tokyo made?　　　(　　)

総合力をつける！

33 説明文

34 手紙・メール

→別冊解答 p.44

学習日 　月　　日

入試攻略のカギ

手紙や電子メールを読むときには，まず差出人と受取人がだれなのか，また，友だち同士なのか，先生と生徒なのかなど，どういう関係なのかを把握しよう。

思考力▶ **1** 次の英文は，グアム島にあるホテルの支配人から学校に届いた手紙です。これを読んで，あとの
正答率 40% 質問に対する答えを，（　）内にそれぞれ適切な英語1語を入れて完成させなさい。〈兵庫県・改〉

September 5, 2020

Dear students,

Thank you very much for staying at our hotel in June. You were in *Guam only for three days, but I hope you had a good time during the school trip.

5　On the last day, you cleaned the *beach near our hotel. At first, I thought you did not want to do it. But when I saw you on the beach, you were enjoying the work. That surprised me.

"Who made the *plan to clean?" I asked one of your teachers. "The students did," he answered. Later some of you told me about Japanese
10　schools. You clean your school every day. You sometimes clean your town, too.

Thank you very much for cleaning the beach. I was very *impressed. We now clean the beach every month and wear our special hats for the work. If you come next year, I will give you the special hats. I hope to see you again.

15　　　　　　　　　　　　　　　　　　　　　　　　　　*Best wishes,
　　　　　　　　　　　　　　　　　　　　　　　　　　Steve Brown
　　　　　　　　　　　　　　　　　　　　　　　　　　*Manager

（注）Guam「グアム島」　beach「ビーチ」　plan「計画」　impressed「感動して」
　　　Best wishes「ご多幸をお祈りします」（手紙の結びの言葉）　manager「支配人」

(1) How long did the students stay in Guam?

They（　　　　　）in Guam for（　　　　　）（　　　　　）.

(2) Why was the manager surprised when he saw the students on the beach?

Because they（　　　　　）（　　　　　）cleaning the（　　　　　）.

(3) What did the manager hear from the teacher?

He heard that the（　　　　　）（　　　　　）the（　　　　　）to（　　　　　）.

(4) What will the manager do if the students go to Guam next year?

He will（　　　　　）the（　　　　　）（　　　　　）（　　　　　）the students.

2 次の英文は, アメリカから日本に留学しているボブ(Bob)と, ユウト(Yuto)の間でやり取りされた電子メールです。これを読んで, あとの問いに答えなさい。 〈青森県・改〉

Hi, Yuto.

School will start soon. I wanted to enjoy my first winter vacation in Aomori, so [A] I saw a lot of snow for the first time. I went skiing and had fun. I really enjoyed my winter vacation. How was your winter vacation?

Bob

Hi, Bob.

It was very good too. I *went on a trip to Kyoto with my family. Kyoto is a good place. My father and I like Japanese *history, so we enjoyed the trip.

[ア]

Yuto

No. I have never been to Kyoto, but my American friend has been there before. Foreign people can see many old things and study about Japanese culture, so [B] I am interested in old *temples, so I want to go to Kyoto someday. Please tell me more about Kyoto tomorrow.

Bob

OK. I have many *photos of Kyoto, so [イ] You can see some wonderful temples in them. See you tomorrow.

Yuto

(注) went on a trip to ... 「…へ旅行した」 history 「歴史」 temple 「寺院」 photo 「写真」

(1) 電子メールのやり取りが成立するように, [A], [B]に入る最も適切なものを, 次の1〜6の中からそれぞれ1つ選び, その番号を書きなさい。

1 I told my friend to come to America.

2 a lot of Japanese people go to Kyoto every year.

3 I did not go back to America.

4 Kyoto is one of the most popular places for us.

5 they know more about Aomori than America.

6 I told my friend a lot about my life in Kyoto.

 正答率 42% A( ) 正答率 57% B( )

(2) 電子メールのやり取りが成立するように, [ア], [イ]に入る英文をそれぞれ1つ書きなさい。

 ア _____

 イ _____

35　日記・スピーチ

→別冊解答 p.46

学習日		
	月	日

入試攻略のカギ

時の経過をたどって，どういう順番で出来事が起こっているのか，頭の中で整理しながら読み進めよう。映画やテレビドラマのような場面を想像しながら読むと印象に残りやすい。

1 高校1年生の正輝(Masaki)のスピーチの原稿を読んで，(1)～(3)の(　)内に入る最も適切なものを，それぞれア～ウから選びなさい。 〈和歌山県・改〉

　　My grandmother lived in an old house in the *countryside of Wakayama. She got very old and needed some help, so she came to our city and started living with my family. Then, her town in the countryside started a project to *renew old houses. In the project a lot of volunteers help to clean old houses. And the
5　houses are *rented to someone. My grandmother decided to rent her house to someone.

　　My family went to my grandmother's house and cleaned it. Some volunteers also helped us. *Among them there was a man from Australia. His name was Tom. He saw the homepage of the town and came to the town. He was staying
10　with a *farming family in the town.

　　Tom said, "Old houses in this town are wonderful. They are not very hot in summer, so we don't have to use air conditioners. My favorite place is *irori. You can use it for cooking. It also makes the room warm in winter. Now many people live in *modern houses, but I think it is very nice to live in an old
15　Japanese house."

　　Cleaning the old house was not easy. But my family and the volunteers worked hard together. The house became very beautiful.

　　When I cleaned my grandmother's house, I learned many good things about old Japanese houses. I hope many people will come to this town and enjoy old
20　houses.

　　　　　　(注) countryside「いなか」　renew「新しくする」　rent「貸す」　among ...「…の中に」
　　　　　　　　　farm「農業をする」　*irori*「いろり」　modern「近代的な」

(1)　Masaki's grandmother lives with Masaki's family because (　　).
　　ア　she decided to clean her old house
　　イ　she needed the help of Masaki's family
　　ウ　the town started a project to clean old houses

(2)　Tom decided to (　　).
　　ア　teach English to old people in the town
　　イ　rent his house in Australia
　　ウ　come to the town after seeing the homepage

(3) Masaki found good things about Japanese old houses when (　　).

　ア　he lived in his grandmother's house with his family

　イ　he came to the city to live with his grandmother

　ウ　he cleaned his grandmother's house with some volunteers

2 次の英文を読んで，あとの問いに答えなさい。 〈栃木県・改〉

I am a member of my junior high school's soccer club. Two weeks ago, our team had an important soccer game. We *tried our best, but our team lost because I made an easy mistake. After that, I didn't play soccer with my *teammates.

This morning, my grandfather said to me, "Let's climb a mountain today. We can enjoy the great view of our town from the *top." Why did he tell me to climb the mountain with him? I didn't know the reason, but I decided to go.

I was very surprised. My grandfather climbed the mountain so fast. I felt tired and I sat down. He smiled and said, "We will get to the top soon."

Finally we got to the top. I said, "Why can you climb the mountain so fast?" My grandfather said, "I climb mountains every week. Sometimes I can't get to the top because it is so hard to climb a mountain. So I keep practicing for two hours every day." "Really?" He said, "Yes. It is important to keep practicing. Masato, do you play soccer every day?" "Well ..., actually I don't play it now." "Why?" "We lost the game because I made an easy mistake. So ..." He said, "You made a mistake, so you don't want to play soccer, right? Everyone makes mistakes, but we can learn many things from them. Good players keep practicing. I want to get to the top of all the mountains in Japan, so I keep practicing." I said, "Great! I should [　　　] like you, right?" "Good boy, Masato! Now, let's go down the mountain."

Why did my grandfather take me to the mountain today? He took me there because he wanted to tell me this important thing. His words gave me the *courage to play soccer. I am going to play soccer tomorrow.

(注) try one's best「ベストを尽くす」　teammate「チームメイト」　top「頂上」　courage「勇気」

(1) 本文中の[　　　]内にはどのような英語が入るか。本文中から2語で抜き出して答えなさい。

＿＿＿＿＿＿＿＿　＿＿＿＿＿＿＿＿

(2) 本文の内容と一致するものをア〜エから2つ選び，記号で答えなさい。

　ア　Masato's grandfather told Masato to climb a mountain, but Masato didn't go.

　イ　Masato felt tired but he could get to the top of the mountain with his grandfather.

　ウ　Masato's grandfather could always get to the top of mountains when he climbed them.

　エ　Masato's grandfather told Masato an important thing on the mountain.

（　　）（　　）

36 図表やグラフを含む長文

→別冊解答 p.47

入試攻略のカギ

図表やグラフを含む英文は，英文に書いてあることを図表やグラフと照らし合わせ，確認しながら読み進めよう。そうすることで図表やグラフが何を表しているのかはっきりしてくる。

思考力▶ **1** 次は，中学生のTakuyaがマスメディア（mass media）について調べたことを留学生のMike に説明しているときの対話である。これを読んで，あとの問いに答えなさい。　〈鹿児島県〉

Takuya : Look at this graph. Do you understand what it shows?

Mike 　 : No, I don't.

Takuya : It shows *the usage of mass media *according to *age group.

Mike 　 : I see. Oh, this is popular among all age groups. This is the Internet,
5　　　　　 right?

Takuya : No, it's TV. The Internet is popular, too. But it is （　①　） by only
　　　　　 about 40% of *people in their sixties.

Mike 　 : Well, what is this? People in their sixties like it （　②　） than the
　　　　　 Internet, but *people in their teens and twenties don't like it very
10　　　　 much.

Takuya : It's the newspaper. It's not popular among young people, but I read
　　　　　 the newspaper every day. 　　③　　?

Mike 　 : I read the newspaper every day, too. I learn a lot about Japan from it.

Takuya : Great! And the last one is radio. It's not popular.

15 *Mike* 　 : The usage of mass media is （　④　） according to age group. That's
　　　　　 interesting.

（注）the usage of ...「…の利用状況」　according to ...「…による（よって）」　age group「年齢層」
　　　people in their sixties「60歳代の人々」　people in their teens and twenties「10歳代と20歳代
　　　の人々」

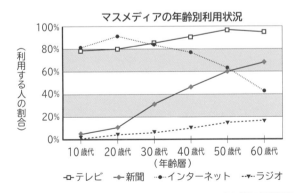

（総務省：「平成24年情報通信メディアの利用時間と情報行動に関する調査報告書」から作成）

(1) 英文中の（ ① ）,（ ② ）,（ ④ ）に入る最も適切な語を，下の□内から選びなさい。

poor	different	used	better	popular	useful

① (　　　　　　　)　 ② (　　　　　　　)　 ④ (　　　　　　　)

(2) ③ 内に入る3語以上の英語を書きなさい。

---

2 次の英文を読んで，あとの問いに答えなさい。　　　　　　　〈千葉県〉

RIVER *CRUISE in LONDON

You can have a fun and exciting evening on *London Star Boat Cruises. You will enjoy good food, good music, and good dancing on the boat. You will also enjoy a wonderful *view of London from the boat.

TOURS

January and February	Saturday only	*£50.00
March, November and December	Thursday to Saturday	£70.00
April and October	Wednesday to Sunday	£80.00
May to September	Tuesday and Sunday	£60.00

Children 5 and under : FREE

EVERY TOUR

Starts at 5 p.m. —— Meet the bus in front of First Park Hotel.
Finishes at 9 p.m. —— The bus will take you back to First Park Hotel.

Phone 020-1234-5678 　LONDON STAR BOAT

（注）cruise「（船での）遊覧」　London Star Boat（遊覧船の運行会社名）
view「景色」　£（イギリスの通貨単位ポンドを表す記号）

(1) この広告の内容と合うように，次の英文の（　）内に入る最も適切な英単語1語を書きなさい。

London Star Boat has no tour every（　　　　　　　）evening.

(2) この広告の内容に合っているものを，次の**ア〜エ**から1つ選び，記号で答えなさい。

ア You can have good lunch on the boat during the river cruise.

イ If you join the cruise, you will be back at the hotel in two hours.

ウ You can get on the boat in front of First Park Hotel if you stay there.

エ If two university students want to join the cruise in May, they need £120.00.　　　　　　　　　　　　　　　　　　　　　　　　（　　）

37 応答文完成問題

→別冊解答 p.48

学習日　　　月　　　日

入試攻略のカギ

応答文完成問題は，話題の中心を把握し，同時に最後の発言に注目する。
whenやhow longなどで始まる疑問文が多いので，注意をして聞き取ること！

音声をきく
スマートフォンで
アクセスしよう

01

1 🎧 2人の会話を聞いて，それぞれの会話の最後の文に対する応答として最も適切なものをそれぞれア～エから1つずつ選び，記号で答えなさい。〈秋田県〉

正答率 38% (1) ア　Then I'll return it tomorrow.
イ　So I read it yesterday.
ウ　Then I'll borrow it tomorrow.
エ　So I wrote it yesterday. （　　　）

正答率 79% (2) ア　I can help you, too.
イ　Please wash the dishes.
ウ　You can ask someone for help.
エ　Yes, please. （　　　）

正答率 71% (3) ア　Very well.
イ　In the park near my house.
ウ　For forty years.
エ　Two or three times every week. （　　　）

2 🎧 (1)～(3)まで，会話を聞いて答える問題です。それぞれの会話の最後の発言に対する受け答えとして最も適切なものをア～エから1つ選び，記号で答えなさい。〈佐賀県〉

(1) ア　When did you go?　　　イ　Who was it?
ウ　What time is it?　　　エ　Where will you go? （　　　）

(2) ア　Yes.　It is very nice.　　　イ　I want that very much.
ウ　Do you like them, too?　　　エ　Coffee, please. （　　　）

(3) ア　It will be exciting.
イ　No.　It will be next Sunday.
ウ　Yes.　They were near the station.
エ　Ask your father.　I think he knows. （　　　）

3 🎧 4つの対話を聞いて，それぞれの対話に続く受け答えとして最も適切なものを，ア～エから1つずつ選び，記号で答えなさい。　〈山口県〉

(1)　ア　Yes, I can.　　　　　　　　イ　Well, I'm late.
　　　ウ　OK, see you.　　　　　　　エ　No, thank you.　　　　　　（　　）

(2)　ア　I like her very much.　　　　イ　The girl with long hair.
　　　ウ　Yes.　There are four girls.　エ　No.　She is my sister.　（　　）

(3)　ア　Where can I find them?
　　　イ　Sorry.　I don't like this book.
　　　ウ　We have no books about sports.
　　　エ　OK.　Please come with me.　　　　　　　　　　　　　　（　　）

(4)　ア　Really?　How was your trip?
　　　イ　Sure.　I live there with my family.
　　　ウ　No.　I really had a good time.
　　　エ　Sorry.　I'll go there with my sister.　　　　　　　　　（　　）

4 🎧 次の(1)～(3)の，マイクと京子の対話を聞き，チャイムの鳴るところでマイクが話す言葉として最も適切なものをそれぞれア～エから選び，記号で答えなさい。　〈北海道〉

正答率 62%　(1)　ア　You should go there by bike.
　　　　　　イ　Please be there at one o'clock.
　　　　　　ウ　It takes ninety minutes.
　　　　　　エ　We can meet at Kita Park.　　　　　　　　　　（　　）

正答率 49%　(2)　ア　Sure.　I'll buy a new camera next Saturday.
　　　　　　イ　Sure.　You took beautiful pictures.
　　　　　　ウ　Sure.　These are the pictures I took there.
　　　　　　エ　Sure.　Please show them to me.　　　　　　　（　　）

正答率 37%　(3)　ア　Yes, it's next to the computer room.
　　　　　　イ　Yes, I know you like math very much.
　　　　　　ウ　No, this isn't your first time to go to the music room.
　　　　　　エ　No, we don't have to bring the music textbook.　（　　）

38 質問に対する答えを選ぶ問題

→別冊解答 p.50

学習日　　月　　日

音声をきく
スマートフォンで
アクセスしよう

02

入試攻略のカギ

質問に対する答えを選ぶ問題では，1回目の放送で話の中心となる話題と
質問文を正確に把握し，2回目の放送で質問の答えを探すように聞くことが大切。

1 🎧 それぞれの「ある場面」を説明する英文を聞いて，質問に対する答えとして最も適切なもの
をア〜エから1つずつ選び，記号で答えなさい。　〈埼玉県〉

正答率72%　(1)
　ア　Where can I meet my friends?
　イ　What animal do you like the best?
　ウ　How is the weather today?
　エ　When did you go to the zoo?　　　　　　　　　　（　　　）

正答率71%　(2)
　ア　Please stay in the room.
　イ　Please stop playing the guitar.
　ウ　Will you have math class tomorrow?
　エ　May I stop playing the guitar?　　　　　　　　　（　　　）

思考力▶ **2** 🎧 これから(1)〜(4)まで4つの対話を放送します。それぞれの対話のあとで，その対話について
1つずつ質問します。それぞれの質問に対して，最も適切な答えをア〜エから1つ選び，
記号で答えなさい。　〈茨城県〉

(1)　ア　Soccer.　　　　　　　　イ　Tennis.
　　 ウ　Baseball.　　　　　　　エ　Soccer and tennis.　　（　　　）

(2)　ア　At 5:30.　　　　　　　 イ　At 6:00.
　　 ウ　At 6:30.　　　　　　　 エ　At 7:00.　　　　　　　（　　　）

(3)　ア　To come back soon.　　イ　To leave a message for him.
　　 ウ　To meet him at 8:00.　　エ　To call him back later.　（　　　）

(4)　ア　Because it's very new to him.
　　 イ　Because it isn't Hiroshi's camera.
　　 ウ　Because he isn't interested in it.
　　 エ　Because he has many cameras.　　　　　　　　　（　　　）

3 🎧 マイク(Mike)が太郎(Taro)へ残した留守番電話のメッセージを聞いて，⑴と⑵の質問の答えとして最も適切なものをア～エからそれぞれ１つずつ選び，記号で答えなさい。

〈福島県〉

⑴ Where will Mike and Taro go tomorrow?
　ア　To the hospital.
　イ　To City Hall.
　ウ　To the stadium.
　エ　To their school.　　　　　　　　　　　　　　　　　　　（　　）

⑵ Why did Mike call Taro?
　ア　To study together.
　イ　To change their plan.
　ウ　To meet Taro's mother.
　エ　To talk about their friends.　　　　　　　　　　　　　（　　）

4 🎧 ブラウン先生が新入生に話をしています。その話を聞いて，それに続く２つの質問に対する答えとして最も適切なものをそれぞれア～エから１つずつ選び，記号で答えなさい。

〈大阪府〉

⑴　ア　Four.
　　イ　Eight.
　　ウ　Eleven.
　　エ　Fourteen.　　　　　　　　　　　　　　　　　　　　（　　）

⑵　ア　He enjoyed practicing English.
　　イ　He started an English club last year.
　　ウ　He taught Japanese at this school.
　　エ　He made many friends.　　　　　　　　　　　　　　（　　）

総合力をつける！

38 質問に対する答えを選ぶ問題

39 イラストを含む問題

→別冊解答 p.52

学習日　　　月　　　日

入試攻略のカギ

イラストの問題では，イラストから目を離さずに英語を聞こう。間違っている
イラストを消去していき，正解のイラストを絞り込んでいこう。

音声をきく
スマートフォンで
アクセスしよう

03

1 🎧 3つの英文を放送します。放送される英文を聞いて，それぞれの英文の内容に最もよく合う絵をア〜エから1つ選び，記号で答えなさい。

〈茨城県・抜粋〉

(1)　ア　　イ　　ウ　　エ　（　　）

(2)　ア　　イ　　ウ　　エ　（　　）

(3)　ア　　イ　　ウ　　エ　（　　）

2 🎧 絵を見て，3つの質問に対する最も適切な答えを，ア〜エから1つ選びなさい。

〈滋賀県〉

正答率83% (1)　ア　A bag.　　イ　A coat.　　ウ　A cap.　　エ　A camera.

正答率69% (2)　ア　Walking with a dog.　　イ　Looking at a bird.
　　ウ　Talking with a police officer.　　エ　Riding a bike.

正答率70% (3)　ア　Monday.　　イ　Tuesday.　　ウ　Wednesday.　　エ　Thursday.

(1) （　　） (2) （　　） (3) （　　）

3 🎧 絵を見て答える問題です。それぞれの場面の英文と質問が読まれます。この質問の答えとして最も適切な絵をア〜エから１つ選び，記号で答えなさい。

〈沖縄県・抜粋〉

(1) ア イ ウ エ (　　)

(2) ア 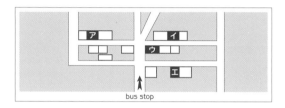 イ ウ エ (　　)

(3)

(　　)

4 🎧 放送にしたがって，答えなさい。

〈静岡県〉

A 　B ア イ

ウ エ

C ア イ ウ エ

D ア イ ウ エ

A (　　) B (　　) C (　　) D (　　)

40 図表を含む問題

→別冊解答 p.54

学習日 　　月　　日

音声をきく
スマートフォンで
アクセスしよう

04

入試攻略のカギ

図表を含む問題は，英語を聞きながら図表をチェックし，当てはまらない選択肢はわかるように消去していくこと。時刻などの数字の読み方にも注意しよう。

1 🎧 恵子さんの中学校では，国際交流を図るために，4人の外国語指導助手（ALT）の先生を招いた。次の表は，その4人の自己紹介の内容を，恵子さんがまとめたものの一部である。この表を見て，質問1・2に対する答えとして適切なものをそれぞれア〜エから1つずつ選び，記号で答えなさい。　　　　　　　　　　　　　　　　　　　　　　〈徳島県〉

名前	Mike	Lisa	Tom	Becky
出身国	アメリカ	カナダ	アメリカ	オーストラリア
好きなこと	料理すること 野球すること	映画を見ること テニスをすること	映画を見ること 水泳をすること	ギターを弾くこと 水泳をすること
話せる言語	英語	英語 フランス語 日本語	英語 フランス語	英語 フランス語 スペイン語 日本語

（質問1）　ア　1人　　　イ　2人　　　　ウ　3人　　　　エ　4人
（質問2）　ア　Mike　　イ　Lisa　　　ウ　Tom　　　エ　Becky

質問1（　　）質問2（　　）

2 🎧 2人がバスの時刻表を見ながら会話をしています。次のア〜エから，その会話の中で述べられている内容と合うものを1つ選び，記号で答えなさい。　　　　　　　　　〈大阪府〉

ア
行先	西　駅	
時	平日	土曜・休日
6	35　46	42
7	14　50	30　45
8		
9		
10		
23		
24		

イ
行先	西　駅	
時	平日	土曜・休日
6	35　46	42
7	14　50	13　45
8		
9		
10		
23		
24		

ウ
行先	西　駅	
時	平日	土曜・休日
6	35　40	42
7	40　50	13　45
8		
9		
10		
23		
24		

エ
行先	西　駅	
時	平日	土曜・休日
6	35　40	42
7	40　50	30　45
8		
9		
10		
23		
24		

（　　）

3 🎧 放送を聞いて，A～Dに入る適切なものをア～エからそれぞれ１つ選び，記号で答えなさい。　〈兵庫県〉

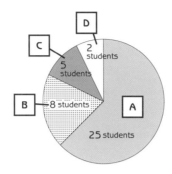

ア　Train
イ　Bus
ウ　Bike
エ　Walk

A（　　）B（　　）C（　　）D（　　）

思考力▶ **4** 🎧 次のグラフは，「あなたがいちばん好きな言葉は何ですか」という質問に対する生徒たちの回答結果のうち，上位５つの言葉とそれぞれの言葉を選んだ人数を示したものです。ホワイト先生の話を聞いて，その話の内容と合うものをア～エから１つ選び，記号で答えなさい。　〈大阪府〉

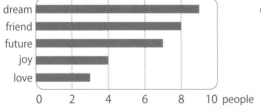

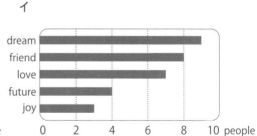

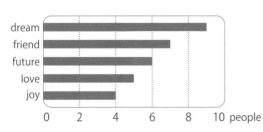

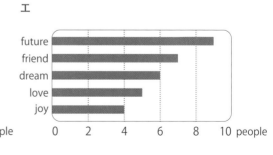

（　　）

41 質問に日本語で答える問題

→別冊解答 p.55

入試攻略のカギ

メモや留守番電話のメッセージの日本語を読んで，自分が何について聞き取るのか，最初に把握しておこう。答えを探しながら聞くことが正解するコツだ！

音声をきく
スマートフォンで
アクセスしよう

05

---

1 🎧 メグからの留守番電話を聞いて，次のメモのア〜ウに入る日本語を書きなさい。〈山形県・改〉

〈明夫さんのメモ〉

太鼓クラブについて

・毎週（　　ア　　）曜日と土曜日に練習

・音楽ホール

・時間は，午後6:00〜8:00
　　次回は午後（　　イ　　）から開始

・（　　ウ　　）を持って行く

正答率 **86%** ア（　　　　　　　　）

正答率 **48%** イ（　　　　　　　　）

正答率 **98%** ウ（　　　　　　　　）

---

2 🎧 さくらさんは両親とニューヨークに住んでいます。駅でのアナウンスを聞き，さくらさんがお母さんにかける電話の内容を，下線部①，②に数字を入れて完成しなさい。〈富山県〉

もしもし，お母さん。
ニューヨーク行きの電車が
① ＿＿＿＿＿＿＿＿ 分遅れているから，
ニューヨーク駅に着くのは
② ＿＿＿＿＿＿＿ 時 ＿＿＿＿＿＿＿ 分になるよ。

3 🎧 放送を聞いて，次のメモの（ ① ）〜（ ③ ）に入る日本語，または数字を書きなさい。

〈長崎県〉

メモ

> 明日の校外活動について
> ○行き先　　：動物園
> ○集合場所：（　①　）
> ○集合時間：午前(②　　　時　　　分)
> ○注意事項：・欠席の場合は先生に電話する
> 　　　　　　・昼食は持参する
> 　　　　　　・雨天の場合は来週の（　③　）曜日に実施する

① (　　　　　　　　　) ② (　　　時　　　分) ③ (　　　　　　　　　)

4 🎧 ホワイト先生の話を聞いて，次のメモのA〜Dに入る日本語，または数字を書きなさい。

〈山梨県・改〉

〈ケンタのメモ〉

> ・週末の英語の（　A　）について連絡
> ・教科書の18ページから（　B　）ページまで読む
> ・23ページのすべての問いに答える
> ・答え合わせは火曜日
> ・質問があれば月曜日の（　C　），先生に聞く
> 　　場所・・・（　D　）

A (　　　　　　　　)
B (　　　　　　　　)
C (　　　　　　　　)
D (　　　　　　　　)

42 質問に英語で答える問題

→別冊解答 p.57

学習日　　　月　　　日

音声をきく
スマートフォンで
アクセスしよう

06

入試攻略のカギ

空所の英語を書き取るとき，空所を含む文をピリオドまで読んで，どのような
内容の英文が読まれるのか推測をつけておくと正解率が上がる！

1 🎧 空欄に聞き取った英語を書き入れなさい。　　〈兵庫県〉

正答率 58%

This bus will run through the city and ア〔　　　〕 at popular places.　You can visit beautiful parks, traditional houses and イ〔　　　〕 shops.　We hope you will ウ〔　　　〕.　Thank you.

ア（　　　　　　　　　　）
イ（　　　　　　　　　　）
ウ（　　　　　　　　　　）

2 🎧 放送にしたがって，答えなさい。　　〈宮崎県・改〉

I'm a member of the judo club.　I think judo can give me a strong mind and body.　When I first won last（　ア　）, I was very happy.　This year our school（　イ　）to have judo classes.　I hope it'll be more popular among the students.　In high school, I'll continue to（　ウ　）hard.

正答率 73% ▶ ア（　　　　　　　　　　）
正答率 71% ▶ イ（　　　　　　　　　　）
正答率 28% ▶ ウ（　　　　　　　　　　）

3 🎧 これから，電話での対話を放送します。Bill が外出しているとき，Ken から電話がかかってきました。電話を受けた Bill の母親が，その内容を伝えるために下のようにメモを残しました。対話を聞いて，①には英語１語を，②には数字を書きなさい。 〈鹿児島県〉

> From：Ken
>   Party at Mr. Sato's house
>   Date：(　　①　　), March 30
>   Time：1 p.m. ―（　　②　　）p.m.

正答率66% ① (　　　　　　　　)

正答率55% ② (　　　　　　　　)

表現力▶ **4** 🎧 放送にしたがって，答えなさい。 〈秋田県〉

［エミリーの日記］

> Tuesday, January 1
>   I visited Higashi-jinja today.　This was the (　①　) time for me
> to visit the shrine.　There I met Ken, and he (　②　) me his *omikuji*.
> My *omikuji* was (　③　) than his.　I hope I will _____
> this year.

正答率33% ① (　　　　　　)

正答率28% ② (　　　　　　)

正答率54% ③ (　　　　　　)

正答率16% _____

第 **1** 回　入試模擬テスト

07

※ 1 と 2 は，音声を聞いて答える問題です。音声は上の QR コードから聞くことができます。問題は 2 回読まれます。

1

3 つの対話を聞いて，それぞれの対話の最後の発言に対する応答として最も適切なものを，ア〜エから選び，記号で答えなさい。(4点×3＝12点)

(1)　ア　It takes about ten minutes.　　イ　I go there by bike.
　　　ウ　It's a small shop.　　エ　I bought some music DVDs.

(2)　ア　You're welcome.　　イ　Yes, that's right.
　　　ウ　No, they don't.　　エ　I have flowers.

(3)　ア　It was at nine in the morning.　　イ　I watched it, too.
　　　ウ　I enjoyed reading it.　　エ　It was interesting.

(1)		(2)		(3)	

2

これから 3 つの対話を放送します。それぞれの対話のあとで，その対話について 1 つずつ質問します。それぞれの質問に対して，最も適切な答えをア〜エから選び，記号で答えなさい。(4点×3＝12点)

(1)　ア　イ　ウ　エ

(2)　ア　イ　ウ　エ

(3)　ア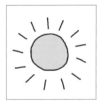　イ　ウ　エ

(1)		(2)		(3)	

3 次の文の(　)内に入る最も適切な語(句)をそれぞれア〜エから選び，記号で答えなさい。

(4点×3＝12点)

(1) One of the buildings here (　　) built more than 100 years ago.

　　ア　have　　イ　was　　　ウ　did　　　エ　were

(2) Satoko decided (　　) abroad when she was 13 years old.

　　ア　study　　イ　studies　　ウ　to study　　エ　studying

(3) Do you know how many times (　　) to Kyoto?

　　ア　been has Tom　　　　　イ　did Tom come

　　ウ　has Tom been　　　　　エ　Tom has been

(1)		(2)		(3)	

4 次の日本文と同じ意味を表すように，(　)内の語(句)を並べかえて英文を完成させ，その並べかえた記号をすべて書きなさい。ただし，使用しない語が1語あります。(6点×3＝18点)

(1) 先生は私たちにその本を読んでほしいと思っていました。

Our teacher (ア　thought　　イ　us　　ウ　read　　エ　to　　オ　wanted) the book.

(2) ケンはまだ宿題を終えていません。

Ken (ア　not　　イ　does　　ウ　his homework　　エ　finished　　オ　has) yet.

(3) 母は，いつも部屋をきれいにしておきます。

My mother (ア　clean　　イ　keeps　　ウ　tells　　エ　always　　オ　the room).

(1)		(2)	
(3)			

5 次の(　)内の語を，適切な形にして書きなさい。(4点×4＝16点)

(1) Koji is one of the (tall) boys in our school.

(2) Every fall, the mountain is covered with many colorful (leaf).

(3) I talked with a friend of (I) on the phone last night.

(4) Takuya (be) taking a bath when the phone rang.

(1)		(2)	
(3)		(4)	

6 次の英文は，高校生のジュンコ(Junko)が学校生活で体験したことについて書いたものです。これを読んで，あとの問いに答えなさい。(6点×5＝30点)

One day, I found some *plastic bottles near the school gate and *picked them up. Then, Ms. Sasaki, a teacher at our school, came to help me and said, "Why are these plastic bottles here? If we collect clean plastic bottles, we can *change them into useful things by *recycling. ┌─①─┐, some bags, pens, and
5 jackets *are made from plastic bottles. You are one of the *student council members. What do you think?"

That night, I talked with my family about plastic bottles. My mother said, "I use clean plastic bottles as *vases." My brother said, "Some of my friends made a Christmas tree with plastic bottles." Then I got an idea and said, "We
10 should make a *symbol of recycling with clean plastic bottles for the school festival. If we take them to the recycling *plant after the festival, the students will understand the *importance of recycling." My father said, "Why don't you tell the student council about your idea?"

The next day, I talked with the other members about my idea. Chikako
15 said, "It's a good idea. What shall we make?" Keiko said, "How about making a plastic bottle *arch?" Tatsuya said, "That's great, but we need a lot of plastic bottles. How can we collect them? We've never tried it before." Hideki said, "If the students understand ②the purpose of making a plastic bottle arch, they will bring many plastic bottles." We all agreed.

20 Our plastic bottle plan started. We learned a lot about recycling from Ms. Sasaki. We made the recycling boxes for the plan and put them in the classrooms. Hideki and I explained about the purpose of the plan in the student *meeting. Keiko and Chikako showed each class bags, pens, and jackets made from plastic bottles. Tatsuya and the other members *asked the
25 students to put clean plastic bottles into the recycling boxes. We thought about what to do and worked together. So many students got interested in the plan and we collected many plastic bottles.

The school festival came. At the school gate, many people saw the beautiful plastic bottle arch. They were impressed. Ms. Sasaki looked up and said with
30 a smile, "The plan is wonderful. This arch is a symbol of recycling and your *cooperation." After the festival, we took the plastic bottles to the recycling plant.

The plan was a success. The students have learned the importance of recycling through the plan and still put clean plastic bottles into the recycling
35 boxes. We always feel ┌─③─┐ to see that.

I've learned two important things from the plan. It's important to change our view of things around us. It's also important to share new ideas and work together. I think these things will make our school life much better.

（注）plastic bottle「ペットボトル」　pick 〜 up「〜を拾う」　change 〜 into ...「〜を…に変える」
recycling「リサイクル」　are made from ...「…でつくられている」　student council「生徒会」
vase「花びん」　symbol「象徴」　plant「工場」　importance「大切さ」　arch「アーチ」
meeting「集会」　ask ... to 〜「…に〜するように頼む」　cooperation「協力」

(1) ［　①　］内に入る最も適切なものを**ア〜エ**から選び，記号で答えなさい。

　　ア For example　　**イ** By garbage　　**ウ** Since then　　**エ** Without it

(2) 下線部②に the purpose of making a plastic bottle arch とあるが，ペットボトルのアーチをつくる目的とは何か。最も適切なものを**ア〜エ**から選び，記号で答えなさい。

　　ア The students will learn how important it is to work together.

　　イ The student council will make bags, pens, and jackets from plastic bottles.

　　ウ The parents of the students will enjoy seeing a plastic bottle arch.

　　エ The students will understand the importance of recycling.

(3) ［　③　］内に入る最も適切なものを**ア〜エ**から選び，記号で答えなさい。

　　ア angry　　　　**イ** sorry　　　　**ウ** glad　　　　**エ** sad

(4) 本文の内容に合致するものを，**ア〜オ**から2つ選び，記号で答えなさい。

　　ア One day, Junko found plastic bottles near the school gate and took them to the student council.

　　イ Junko talked about making a plastic bottle arch with the members of the student council.

　　ウ Junko and other members of the student council started the plastic bottle plan without Ms. Sasaki's advice.

　　エ Ms. Sasaki asked her students to put clean plastic bottles in the recycling boxes.

　　オ Junko found it was important to change the way of thinking about things around them.

(1)		(2)		(3)		(4)		

※ 1 と 2 は，音声を聞いて答える問題です。音声は上の QR コードから聞くことができます。問題は 2 回読まれます。

1 🎧 これから 3 つの対話を放送します。それぞれの対話のあとで，その対話について 1 つずつ質問します。それぞれの質問に対して，最も適切な答えをア〜エから選び，記号で答えなさい。(4点×3＝12点)

(1)　ア　She goes to school by bike.　　イ　She goes to school by bus.
　　　ウ　She goes to school by car.　　エ　She walks to school.

(2)　ア　To go home very early.　　イ　To go shopping.
　　　ウ　To cook lunch.　　エ　To meet their old friends.

(3)　ア　He will study Japanese with Takashi.
　　　イ　He will write a letter to his friend in London.
　　　ウ　He will play tennis with his friends.
　　　エ　He will meet Yumi at the library to help her.

(1)		(2)		(3)	

2 🎧 放送にしたがって，答えなさい。(3点×4＝12点)

（資源回収のお知らせ）

◆実施する月：（　ア　）　　　「リサイクルにご協力ください！」
◆回収する資源について

区分	回収場所	注意
タイプA：スチール アルミ	町立（　イ　）	町が配布する（　エ　）に入れて持って行くこと
タイプB：プラ	スポーツ公園の（　ウ　）	
タイプC：紙パック	町内のスーパーマーケット	

ア		イ	
ウ		エ	

3 次の各組について，①，②の英文の（　）内には，どちらにも同じ発音の英語が入ります。各組の（　）内に入る英語は何か，最も適切な英語を1語ずつ書きなさい。ただし，英語はすべて小文字で書くこと。(2点×8＝16点)

(1) ① I can't （　　） you well. Please speak louder.
　　② She will be （　　） in a few minutes.

(2) ① I got up at （　　） o'clock this morning.
　　② We （　　） fish for dinner last night.

(3) ① Tom studies for one （　　） every morning.
　　② （　　） school was built about twenty years ago.

(4) ① We （　　） the baseball championship game last summer.
　　② I have （　　） thousand five hundred yen with me now.

(1)	①	②	(2)	①	②
(3)	①	②	(4)	①	②

4 次の各組の文がほぼ同じ意味を表すように，（　）内に適切な1語を書きなさい。(6点×3＝18点)

(1) I was too tired to study last night.
　　I was so tired that I （　　）（　　） last night.

(2) My friend and I went to the gift shop for my father's present.
　　My friend and I went to the gift shop （　　）（　　） my father's present.

(3) I can't use this machine.
　　I don't know （　　）（　　） use this machine.

(1)		(2)		(3)	

5 次のテーマについてあなた自身の考えを，下の英文中の①，②の（　）内に，それぞれ5語以上の英語で書きなさい。(8点×2＝16点)

> テーマ：English and I
>
> English is a language used in many different places around the world.
> We will have more *chances to use it in the future.
> If I can use English well, （　①　）.
> To *improve my English, （　②　）.

（注）chance「機会」　improve「上達させる」

①	
②	

6 イチロウ(Ichiro)の家にホームステイしているケビン(Kevin)がまもなく帰国します。クラスメートと
ブラウン先生(Ms. Brown)が、メッセージビデオの制作について話し合っています。これを読んで、
あとの問いに答えなさい。((1)(3)(4)6点×3、(2)8点、計26点)

Ms. Brown : Today, let's talk about making a video message for Kevin.

Ichiro : (①) I want all the people Kevin knows to join this video.

Asuka : Of course, all our classmates should leave messages for him. Kevin is our good friend. We've shared some special experiences together such as the school trip and the school festival.

Kota : I'd like to get some messages from the members of my club, too. You know, Kevin has played basketball with us, and now he's one of the most important players on our team.

Hiroshi : I'm sure Kevin will also want to remember his teachers. So why don't we ask them for messages, too?

Sakura : That sounds exciting, but I think there are too many people. If each of them gives a message, making the video will take a long time.

Kota : That may be true. What should we do?

Ichiro : ②How about making some groups? If the message from each group is about five minutes long, we can save time.

Sakura : That's a good idea. Let's make six groups in our class. Ms. Brown, could you tell the teachers to give a message as one group?

Ms. Brown : OK. Then, where are you going to *shoot the video of the messages? In your classroom?

Kota : I think just shooting a video in the classroom will be too simple. Let's shoot them at ③various places in this school. With Kevin, we studied and had lunch in the classroom, and we practiced for the chorus contest in the music room. He'll enjoy not only the messages, but also the scenes from our school.

Asuka : I agree. Kevin will remember his school life easily by watching them. I think it's good to talk about our experiences in each place.

Ms. Brown : In the school library, many teachers taught him Japanese and gave him a lot of advice on everyday life. So we can talk about it there.

Kota : Then, I'll shoot a video of our team in the gym. We'll talk about the last game we had last summer.

Ms. Brown : That sounds wonderful. Let's start making a wonderful video for him.

Sakura : Just a minute, Ms. Brown. I have another suggestion. Why don't we get a message from Ichiro's parents as one group? Kevin has stayed with them for one year, so he'll be happy to see them in the video.

Hiroshi : That's right. Ichiro, can you get a message from them at your house? But we don't want Kevin to notice our plan. Be careful!

Ichiro : Sure. I usually get home earlier than Kevin, so I can shoot the video when he's not home.

Asuka　　　: Good.　He'll be surprised to see so many faces in the video!

Sakura　　 : I hope he won't be sad when he leaves Japan.　This video will make 40
him happy because he'll know we're friends forever.

Ms. Brown: Very good, everyone.　Kevin will be very glad to see the video.　I think
you have learned two important things by planning the video.　First,
it's important to think about the problems which may happen later.
This will be very useful when you plan something and do it.　Second, 45
④it's important to think about the feelings of others.　You thought,
"How will Kevin feel if we do this?"　That's very good.　I'm sure
Kevin will enjoy the video and will never forget your kindness.

（注）shoot ...「…を撮影する」

(1)　(　①　)内に入る最も適切な疑問文を**ア〜エ**から選び，記号で答えなさい。

　　ア　What messages will be useful for Kevin?

　　イ　When are Kevin's classmates going to write the messages for him?

　　ウ　Whose messages are necessary for the video?

　　エ　Who is going to ask Kevin to write a message for his classmates?

(2)　下線部②How about making some groups?の提案をイチロウはなぜしたのか。日本語
で答えなさい。

(3)　下線部③various places in this schoolで，ビデオの撮影場所として計画していないとこ
ろはどこか。**ア〜エ**から１つ選び，記号で答えなさい。

　　ア　in the classroom　　　　**イ**　in the teachers' room

　　ウ　in the school library　　　**エ**　at Ichiro's house

(4)　下線部④it's important to think about the feelings of othersとあるが，生徒たちが
他の人の気持ちを考えている具体例を**ア〜エ**から１つ選び，記号で答えなさい。

　　ア　Ms. Brown will be surprised to see her students trying hard to make
Kevin happy.

　　イ　Kevin will be angry because his classmates didn't tell him about the
video message they are making for him.

　　ウ　Ichiro and his classmates will be happy to find that Kevin was chosen as
a member of the chorus group.

　　エ　Kevin will be glad to see Ichiro's parents in the video because they have
been taking care of him during his stay in Japan.

(1)	
(2)	
(3)	
(4)	

②

- □ 執筆協力　㈱アポロ企画
- □ 編集協力　㈱アポロ企画　鹿島由紀子　西澤智夏子
- □ 本文デザイン　山口秀昭(Studio Flavor)
- □ イラスト　てらいまき
- □ DTP　㈱明友社
- □ 英文校閲　Bernard Susser

シグマベスト
**今日からスタート高校入試
英語**

編　者　文英堂編集部

発行者　益井英郎

印刷所　中村印刷株式会社

発行所　株式会社文英堂

〒601-8121　京都市南区上鳥羽大物町28

〒162-0832　東京都新宿区岩戸町17

(代表)03-3269-4231

●落丁・乱丁はおとりかえします。